孩子的沟通技巧是这样激发出来的

方州/编著

中国华侨出版社

图书在版编目（CIP）数据

孩子的沟通技巧是这样激发出来的/方州编著.—北京：中国华侨出版社，2009.5
　ISBN 978 – 7 – 80222 – 941 – 9

　Ⅰ.孩… Ⅱ.方… Ⅲ.少年儿童—人间交往—语言艺术 Ⅳ.G61

　中国版本图书馆 CIP 数据核字（2009）第 073947 号

● 孩子的沟通技巧是这样激发出来的

| 编　著 / 方　州 |
| 责任编辑 / 文　心 |
| 经　销 / 新华书店 |
| 开　本 / 710×1000 毫米　1/16　印张 15　字数 240 千字 |
| 印　数 / 5001–10000 |
| 印　刷 / 北京一鑫印务有限责任公司 |
| 版　次 / 2013 年 5 月第 2 版　2018 年 3 月第 2 次印刷 |
| 书　号 / ISBN 978 – 7 – 80222 – 941 – 9 |
| 定　价 / 29.80 元 |

中国华侨出版社　北京市朝阳区静安里 26 号通成达大厦 3 层　邮编 100028
法律顾问：陈鹰律师事务所
编辑部：（010）64443056　　64443979
发行部：（010）64443051　　传真：64439708
网　址：www.oveaschin.com
e-mail：oveaschin@sina.com

前言

　　沟通能力是一种人性善行的心理结构。善行能得到众人的认可，知识能博得人们的尊敬，沟通则能得到人们的理解和支持。其实，沟通能力是人性在精神轨道上对外的"宣言"，更是成就事业的基础。一个在家里善于和父母、兄妹、亲属沟通的孩子，日后走上社会也一定善于和同事朋友及领导沟通。沟通是交换思想、表达意识的工具，沟通的境界是善为，沟通的目的是共赢，沟通的前提是心态，沟通的技巧是倾听，沟通的基础是人性。和下级沟通需要关心和支持，和同级沟通需要谦虚和畅言，和上级沟通需要视野和胆识；和平辈沟通需要理解和包容，和晚辈沟通需要慈爱和引领，和长辈沟通需要倾听和尊敬。

　　一个性格孤傲、自私、自大的人，是很难与别人沟通的，而一个没有耐心、没有修养、没有品格的人自然就会产生沟通的障碍。关心和被关心是人类基本的需求，关心别人需要沟通，被别人关心同样也需要沟通。沟通是做事的基本能力，也是让人认可的必要手段。

　　现在的父母往往有一种习惯，就是面对孩子的成长既寄托以无限希望，又语重心长。由于望子成龙、望女成凤的心切，因此时时叮嘱孩子"要好好学习"、"要争气"、"不要让爸爸妈妈失望"，这样的沟通让人感到语言空洞、情感干瘪。父母这种无理性深刻的"唠叨",不仅没有让孩子学会有效的沟通,反而容易造成孩子心理上的焦躁情绪,甚至引出"不听话"、"出走"等意想不到的效果。

我们必须明白这样一个道理:今天的孩子是在"声、光、电"的文化环境中成长的,是在充斥着各种信息的语境中长大的。今天的孩子之所以懂事早、接受新事物快、知识面广,就是因为信息社会、知识经济的到来而促使其视听开阔的结果。今天的孩子可以一边用耳塞、MP3听着音乐,一边享受着电视闪动着的画面,又一边写着作业。在这种环境中长大的孩子,具备了多视角、多接点、多种爱好的文化熏陶,自然对事对人都有独到的见解。因此,父母对孩子的召唤"不好使"。其实,这并不是孩子不听话,而是由于父母修为的失聪,在人性上面所表达的"智性"的落后所造成的。

沟通不只有语言的沟通,还要学会没有语言的沟通,没有词语的沟通。沟通需要共鸣和共识,需要心心相印,需要了解,让孩子领会沟通的必要,理解沟通的技巧,是父母的职责。

因此,我们编撰了《孩子的沟通技巧是这样激发出来的》献给广大的父母和孩子,希望你们从中找到自己的切合点,对症下药,提高自己的沟通技巧。

一、性格好,做一个开朗活泼的孩子

　　人的智能开发是否全面、是否科学,只决定智力的高低;而人的性格品质如何,则决定人的命运。优良的性格品质是人才成长最积极的因素,而不良的性格乃至恶习则是一种破坏性力量。孩子的性格好,他就会活泼开朗,乐于与人沟通交往。

让孩子喜欢并接受自己 …………………………………………… 2
迎着每一天的朝阳,乐观向上 …………………………………… 5
用内心的平静来主宰自己的言行 ………………………………… 7
正确评价自己就能战胜自卑 ……………………………………… 9
用爱心告别冷漠 …………………………………………………… 12
培养孩子不惧困难的个性 ………………………………………… 14
自私自利会影响孩子的未来 ……………………………………… 17
胆怯的孩子难有大作为 …………………………………………… 20

二、习惯好,养成准时守信第一印象

好习惯就是生产力,好的习惯如同种子,今天的播种不一定马上就有结果,或许它要经过几年时间才能成熟,但是毫无疑问,没有播种永远不会有收获,而我们的举手之劳却为我们带来了超过想象的丰富回报。生产力带来创造力,小习惯带来大成就,伟大人物有伟大的习惯,但千万别说我做不到!习惯是教育形成的产物,它往往起源于看似不经意的小事,却蕴含了足以改变人类命运的巨大能量。

学会更合理地分配时间 …………………………………… 24
言而有信的人才能受人尊敬 …………………………… 26
对错误不停地狡辩会养成说谎的习惯 ……………… 28
说话算话才能受人尊重 ………………………………… 30
说谎的人会失去别人的信任 …………………………… 32
诚实比分数更重要 ……………………………………… 34
教育孩子说真话 ………………………………………… 36
培养孩子勇于承认错误的好习惯 ……………………… 39
用行动教会孩子诚信 …………………………………… 42

三、心态好,才能积极乐观地与人交往

作为一个现代人,学会让自己开心、快乐,保持乐观、开朗的情绪十分重要。作为父母,也应该让自己的孩子成为一个快乐、乐观的人。

让孩子有一个健康的心理 ……………………………… 46

自信而不自傲 …………………………………… 48
良好的心态,让孩子健康一生 ………………… 53
热心的孩子人人爱 ……………………………… 57
学会控制自己的情绪 …………………………… 59
培养孩子的乐观精神 …………………………… 63
保有一颗平常心 ………………………………… 66

四、口才好,有理有据有效沟通

  语言是人类最重要的交际工具,也是人与人之间沟通的桥梁。语言表达能力是一个复杂心理和生理活动过程,也常常是一个人气质、智慧的最直接、最现实的综合表现。现在的许多家长有意识地培养孩子琴棋书画各种专长,却忽略了日常生活中卓见成效的技能培养——培养孩子的语言表达能力。语言表达的流畅、敏捷、精确,一方面是孩子现有思维能力的反应,同时又对孩子大脑发育以及思维能力的发展具有很好的促进作用。

把握住孩子语言发育的关键期 ………………… 70
让孩子大胆提出自己的见解 …………………… 72
给孩子一个发言的机会 ………………………… 75
培养孩子说话的习惯 …………………………… 78
说真话需要看场合 ……………………………… 81
允许孩子争辩 …………………………………… 82
敢于提问的人才是勇敢者 ……………………… 84
倾诉是最好的缓解心理压力的办法 …………… 86

别阻止孩子插嘴 …………………………………… 88
不要打断孩子的诉说 ……………………………… 90

五、学习好，孩子沟通中有自信

对于孩子来说，学习成绩的好坏关系到他的心理问题。通常，一个学习成绩好的孩子，无论做任何事情，都会自信满满。因为在孩子的心目中，学习往往是最主要的。因此，让孩子取得良好的学习成绩，将影响到他日后的沟通问题。

帮孩子跨过厌学的泥潭 …………………………… 94
引导孩子正确化解对老师的误解 ………………… 96
学习一定要专心致志 ……………………………… 99
勤思考才能有进步 ………………………………… 101
高压只会让孩子选择逃避 ………………………… 105
在阅读中求知 ……………………………………… 107
好成绩来自于耐心地学习 ………………………… 110
有好奇心才有求知欲 ……………………………… 112

六、精神好，朝气蓬勃人见人爱

一个孩子精神好，朝气蓬勃才能人见人爱。但现在的一些教育方式，导致很多孩子未老先衰，使得有的孩子就像小"大人"似的，失去了原本该有的活泼和朝气。父母和老师应该积极教导孩子，走出分数的误区，还

孩子一个朝气蓬勃的时代。

让孩子学会为自己负责……………………………… 116
别让孩子轻言放弃………………………………… 119
脚踏实地,才能成功……………………………… 122
远离怨恨…………………………………………… 124
走进人群,远离孤独……………………………… 127
孩子必须要有良好的品德………………………… 130
只有专注才能成就大事…………………………… 133
做人要有吃苦耐劳的精神………………………… 136

七、头脑好,机智幽默受欢迎

每个父母都希望自己的孩子头脑好,是最聪明的,但往往事与愿违。其实,孩子的智慧是可以培养的。只要耐心教育培养,相信你的孩子一定会成为一个机智幽默受欢迎的人。

小脑瓜考虑大问题………………………………… 140
有想法的孩子更聪明……………………………… 142
智力是第一生产力………………………………… 145
培养爱因斯坦那样的右脑………………………… 147
学习音乐有助于促进孩子智力的发展…………… 149
拼图游戏是开发孩子智能的重要手段…………… 151
学书法和绘画能够增强孩子的想象力和创造力… 153

提升孩子的创造性思维 …………………………… 155
全方位地健全孩子的心智 ………………………… 157
给孩子表现潜能的机会 …………………………… 160

八、懂礼仪，文明健康有礼貌

所谓文明礼貌，就是指一个人在日常生活和工作中做出能够被众人接受的、符合特定情况的行为。文明礼貌是社会交际对个人的基本要求，是个体融入群体的重要资本。一个懂文明讲礼貌的孩子，将来必定会有足够的资本在社会上立足和发展。

培养孩子文明礼貌地待人 ………………………… 164
塑造孩子彬彬有礼的气质 ………………………… 166
骂人是最可耻的行为 ……………………………… 169
引导孩子做一个落落大方的小主人 ……………… 171
动手打人是错误的 ………………………………… 173
用训诫改变孩子不讲礼貌的习惯 ………………… 175
使孩子学会主动道歉 ……………………………… 178
要学会说"谢谢" …………………………………… 180
别让孩子变成"小霸王" …………………………… 183
让孩子养成文明礼让的好习惯 …………………… 185

九、兴趣广泛,与别人有更多的共同话题

现在,大多数父母对孩子的惟一要求就是学习成绩好。除此以外,不允许孩子有任何的兴趣和爱好。这样,孩子的成绩上去了,但他的社会性和思维的开阔性,却因为生活内容的单一而被限制了。殊不知,孩子与大量的事物和思想都有着自然的关系。我们培养的是一个社会的人,我们应该培养孩子多方面的兴趣,让他们从小就生活在人群中。

兴趣就是天才的开始……………………………………………190
主动培养孩子的兴趣……………………………………………192
小兴趣左右大发展………………………………………………194
让孩子保持对学习的兴趣………………………………………196
要知道孩子的真正兴趣在哪里…………………………………197
不要随便干涉孩子的兴趣………………………………………200
引导孩子的兴趣,家长首先应当做个有心人…………………204

十、具备集体精神,做个合群的孩子

团结合作是人类社会得以存在和发展的基础,没有合作就没有人类的今天。从古代的男耕女织到现代的集团公司,团结合作一直是社会发展的一条主线。人类越发展,社会越进步,团结合作就越重要。这是因为随着生产力的提高,分工越来越细,一个人只是生产链上的一个小环节,没有与别人的合作根本生产不出完整的产品,更不要说获得成功。基于这样的现实,父母应该努力培养孩子们的团结合作精神,这样才能保证孩子将来不会被社会淘汰,才能尽到自己做父母的责任。

团结合作的精神对孩子的未来非常重要……………… 208
帮助孩子正确理解合作…………………………………… 210
理解和宽容是合作的基础………………………………… 213
让孩子学会与家人密切合作……………………………… 216
让孩子懂得爱、学会爱…………………………………… 218
从自我为中心到角色转换………………………………… 220
培养孩子的交际能力……………………………………… 223
为孩子的交往提供必要的帮助…………………………… 225

性格好，做一个开朗活泼的孩子

> 人的智能开发是否全面、是否科学，只决定智力的高低；而人的性格品质如何，则决定人的命运。优良的性格品质是人才成长最积极的因素，而不良的性格乃至恶习则是一种破坏性力量。孩子的性格好，他就会活泼开朗，乐于与人沟通交往。

让孩子喜欢并接受自己

如果孩子不能全面地认识自己、看到自己的长处，那就会出现很多问题。比如自卑、嫉妒别人等等。因此，父母们要让孩子们看到自己的优点，要让孩子喜欢自己，这样孩子才能自信地面对生活。

有个叫拉塞尔·康维尔的美国牧师，曾以"宝石的土地"为题在美国演讲，他的演讲使整个美国卷入了激情的漩涡。据说他做了多达五万次的演讲，其中他讲了这样一个故事：以前印度有个叫阿里·哈弗德的富裕农民，为了寻找埋藏宝石的土地，变卖了家产，出外旅行，终因贫困而死。可是，结果在从他卖出的土地里发现了世界上最珍贵的宝石。所以，让孩子接纳自己，实际上就是让他们相信自己身上也具有埋藏的"宝石的土地"。

心理学家指出，在人们的心理生活中，自尊或自卑的自我评价意识有很大作用。自尊的人经常会把自己看作是有价值的、令人喜欢的、优越的、能干的人。人们很容易发现，人生的许多痛苦，往往来自于不接纳自己。

一个人生下来会有不少遗憾：为什么是女孩不是男孩？或者为什么是男孩不是女孩？为什么是单眼皮不是双眼皮？为什么生在农村没生在城里？为什么生于平民之家未生在富豪之家？

据有关调查发现，15.3%的城市中小学生不满意自己的相貌、体形；38.7%的中小学生不满意自己的学习状况；15.9%的中小学生不满意自己的健康；15.8%的中小学生不满意自己的性格等等。这说明，表面上快快乐乐的孩子们，内心还有不少苦闷事儿，不接纳自己就会难以走出误区。

一 性格好，做一个开朗活泼的孩子

有一次，北京一所名校请讲师给初二学生讲课。老师说道，该校不少女孩子为形象不如意烦恼。于是，讲师讲了电影明星索菲亚·罗兰的故事。

喜欢看电影的人，对于这位荣获过奥斯卡最佳女演员奖的明星一定不陌生。她的《两妇人》、《卡桑得拉大桥》在中国有广大观众。可是，她16岁第一次拍电影时，却遇到了不少麻烦。

索菲亚·罗兰是一个意大利的私生女，她在第一次试镜头的时候，就失败了。所有的摄影师都说她够不上美人的标准，都抱怨她的鼻子和臀部。没办法，导演卡洛只好把她叫到办公室，建议她把臀部减去一点儿，把鼻子缩短一点儿。一般情况下，演员都对导演言听计从。可是，索菲亚·罗兰却没有听导演的，她相信自己，对自己有信心，认为这就是她自己的特色。

她曾在自传中记述了这段经典的挑战：

一天，他（卡洛）叫我上他的办公室去，我们刚刚进行了第三次或第四次试镜，我记不清了。

他以试探性的口吻对我说："我刚才同摄影师开了个会，他们说的结果全一样，噢，那是关于你的鼻子的。"

"我的鼻子怎么了？"尽管我知道将会发生什么事，但我还是问道。

"嗯，咳，如果你要在电影界做一番事业，你也许该考虑一些变动。"

"你的意思是要动动我的鼻子？"

"对。还有，也许你得把臀部削减一些。你看，我只是提出所有摄影师们的意见。这鼻子不会有多大问题，只要缩短一点，摄影师就能够拍它了。你明白吗？"

我当然懂得，因为我的外貌跟已经成名的那些女演员颇有不同，她们都相貌出众，而我却不是这样的，我的脸部有太多的毛病，但这些毛病加在一起，反而会更有魅力呢，如果我的鼻梁上有一个肿块，我会毫不犹豫地把它除掉。但是，说我的鼻子太长，不，那是毫无道理的，因为我知道，鼻子是脸的主要部分，它使脸具有特点。我喜欢我的鼻子和脸本来的样子。

"说实在的，"我对卡洛说："我的脸确实与众不同，但是我为什么要长得跟别人一样呢？"

"我懂，"卡洛说，"我也希望保持你的本来面目，但是那些摄影师——"

"我要保持我的本色，我什么也不愿意改变。"

"好吧，我们再看看。"卡洛说，他表示抱歉，不该提出这个问题。

"至于我的臀部，"我说，"无可否认，我的臀部确实有点儿过于发达，但那是我的一部分，那是我的特色，我愿意保持我的本来面目。"

大家注意，"我为什么要长得跟别人一样呢？"这是一个美学见解，即世界上的美为什么要一个样呢？

大导演卡洛被说服了。电影不但拍成了，而且，索菲亚·罗兰一下红起来，逐步走上了成功之路。2000年时，她还被评选为千年美人。

悦纳自己是心理健康的保证，怎样让孩子悦纳自己，得到由内而外的快乐？

首先，让孩子欣赏自己的形象。父母要细心观察孩子的心理状态，随时培养他们悦纳自己的积极态度。父母应努力让孩子喜爱自我的形象。让孩子了解，自己可能并不"漂亮"，但很特别。父母也应努力引导孩子树立一种现代的审美观，即美是自然的，而自然是多种多样的，不拘一格的。美是有层次的，而层次是可以修炼的。如气质美高于相貌美，精神美高于物质美，气质与精神都与人的文化修养密切相关。

其次，称赞孩子的特点。契诃夫说，大狗叫，小狗也叫，各叫各的。干吗非得和别人叫的一样呢？每个孩子都是有特点的，而"特点"

既可以成为"优点",也可能成为"缺点"。它可以使人自信,也可能让人自卑。父母应肯定、欣赏孩子的每一个特点,如他打电脑游戏在行,如他做手工做得巧……让孩子的特点真正成为"亮点"。

再次,引导孩子阅读名人传记。历史上许多成功者离不开悦纳自己,而这几乎是所有成功者的共同特征。父母可以和孩子一起阅读名人传记,与名人或"偶像"为伍一起生活,让孩子能从名人身上汲取悦纳自己的力量。

如果一个人看不到自己的价值,只看到自己的不足,什么都不如别人,处处低人一等,就会丧失信心,产生厌恶自己的自卑感,这样的人就会缺乏朝气,缺乏积极性。

迎着每一天的朝阳,乐观向上

张海迪的童年是幸福的。她和同时代的孩子一样,有爸爸妈妈的疼爱,有金色的梦。可是,命运却无情地向她挑战:五岁时突然患了脊髓血管瘤,到十岁就先后做了三次大手术,活泼好动的海迪从此瘫痪了。

每天,小海迪只能静静地躺在床上,看窗外明媚的阳光,听窗外小朋友们欢快的嬉戏声,数滴答的钟表声。看到活泼可爱的女儿失去了往日的欢笑,她的父母很是着急。他们担心孩子一旦意志消沉,对明天失去了信心,就会一蹶不振。为了帮助女儿找回昨日的快乐,父母鼓励海迪道:"孩子,不要灰心丧气,你虽然不能动了,但是自己还有健全的双手和大脑,要相信自己,要向窗外的向日葵一样,迎着每一天的朝阳,乐观向上。你要学会保持乐观,因为乐观的力量是惊人的,相信自己,那么,一切困难都将不是困难的。"

在父母的开导下，笑声渐渐地又回到了小海迪身上。

后来，为了能够活动，海迪坚持天天握紧拳头，拉腿，搬脚，忍着剧痛锻炼。记不清多少个日日夜夜的按摩，她才能倚着被子坐起来，尽管经历无数痛苦、难过的事情，但海迪的心中时刻铭记妈妈的这句话："迎着每一天的朝阳，乐观向上。"海迪凭着自己顽强的毅力和乐观自信的生活态度，付出了比常人多百倍千倍的努力，克服了常人难以想象的困难，做出了巨大的成绩和贡献。

乐观是人永远携带的加油站。然而孩子并不能因父母期望他们快乐就能自然而然地体验快乐。同时，孩子的快乐也不一定是由物质的东西引发的。乐观需要父母的培养和精神上的支持。那么，怎样培养孩子乐观的情绪呢？

其一、孩子从成人那里得到的快乐，使她相信成人。养育孩子的过程也是父母不断充实与学习的过程。父母不仅要尽量在孩子面前表现出乐观，营造快乐的气氛。更重要的是要真正拥有一颗乐观的心。所以，父母乐观处事的实例是孩子最好的教科书。

其二、让孩子在有意义的活动中感受快乐。快乐的最重要的来源是成就或创造的成果以及完成有意义的活动。快乐随完成某种成就的努力而产生。在成功中，孩子得到快乐的同时，也体验到了力量和信心，有助于自我的肯定。

其三、不要压抑孩子的快乐。快乐是一种基本的情绪，人本性中就有快乐的成分。孩子在出生后的两个月左右，就有了社会性的微笑。对于孩子的想法、兴趣爱好，做家长的不要过分限制、压抑孩子的天性。尤其是在学龄前，尽量给孩子一个自由自在活动的空间。

其四、父母对孩子不要感情冷淡。从小无感情体验和无感情依恋的孩子长大后不会对他人施予爱和同情，他们将长成冷漠无情的性格，很少体验快乐，难以与人相处，当然也就不会具有乐观精神。不论父母的工作有多繁忙，都要尽量抽出时间来陪陪孩子，让孩子感受到父母的爱。

最后，父母要拥有一颗平常心。乐观的人可以坦然地面对一切，成功和失败，痛苦与幸福。现在的孩子多是在温室中长大的，经历的风雨不多，意识不到艰难的存在，更别说怎么去面对了。让孩子接触各类事物，接触的事情多了，见多识广，心胸自然就开阔，悲观思想便不容易产生了。用平静的心态去对待，并不是消极地面对世界。要让孩子积极参加各种活动。开始时，可以暗示孩子主动提问、主动要求、主动学习。紧接着，当孩子主动行动了，父母要用表扬、奖励等方法强化孩子的自主观念。

快乐是一种动机力量，有利于个人的成长。让孩子学会乐观，这样他会对世界、对社会和人生有信心，从而得到对人宽容和忍耐的力量。父母在生活中也要保持乐观向上的心态。乐观者对待生活和未来，成功也好，失意也罢，总是保持一种恬然无忧的心境。"成则淡然，败则泰然"，永远微笑着面对生活。

用内心的平静来主宰自己的言行

成功的道路上难免会有这样或那样的干扰，外面的世界也难免充斥着嘈杂的噪音。但是对于一个伟人来说，他总能在现实的惊涛骇浪中独钓寒江雪，用内心世界的平静来主宰自己的言行。

玛丽是居里夫人小时候的名字。她出身于波兰一个朴实的贫困家庭，是一个苦读成才的杰出的女科学家。玛丽十岁那年，母亲去世了，父亲也因为反对俄国沙皇霸占波兰的暴行而被迫离职。家里本来就不宽裕，又遭此不幸，玛丽不但上学成了问题，身体也越来越差了，不得不回到老家的乡村里休养了整整一年。

玛丽每天一到晚上，就拿着书到桌子跟前读起来。但是，周围的环境并不安静，特别是小孩子们的喧闹声常常传到她的耳朵里来。为了排除这些声音的干扰，玛丽想了一个办法：用两只手的拇指压着两边的耳孔，筑起了挡住噪音的"防御工事"。这方法真顶用，使她能专心读书了。过了一段时间，她觉得自己能专心读书了，也就慢慢地取消了这种"防御工事"。

一天，放学后，姐妹们都高兴地玩，只有玛丽在客厅的一角聚精会神地读书。玛丽的大姐很想和她一块儿玩玩，于是便大声喊道："玛丽，你来和我们一起痛痛快快地玩一会儿吧！"可是，玛丽完全沉浸在书本里，根本就没有听到喊声。这时聪明的三姐眨眨那双好看的大眼睛，神秘地对姐妹们说："我有个好主意，可以叫玛丽来和我们一道玩。"一阵耳语之后，姐妹们端来了三把椅子，蹑手蹑脚地来到玛丽背后，把三把椅子搭起一个"三角架"。她们想：只要玛丽稍微碰一下"三角架"，椅子一定会倒下来，她就无法再安心读书了。于是，姐妹们在一旁偷偷地观察着玛丽。

一分钟，两分钟……半个小时过去了，可是玛丽仍然没有动静，姐妹们有些失望了。

又过了好一会儿，玛丽终于放下书本，一抬头，由于轻微的震动，"三角架"碰倒了，椅子砸在玛丽的肩膀上。

"哈哈！"姐妹们感受到了胜利的喜悦，高兴得又蹦又跳。

玛丽看着哈哈大笑的姐妹们，摸摸疼痛的肩膀，向她们投来迷惘的目光，半响才明白过来，但她缄口不语，没有丝毫生气的样子，只是朝她们笑了笑，然后又拿起一本书，到另一个房间里继续读了起来……

在什么境遇之下，都能始终如一，决不动摇，那么我们就能脚踏实地地为了目标而努力，不受任何外界的因素干扰。所以如果一个人能具备安忍的功夫，为自己筑起这样一道"防御工事"，那么即使他身处一个极为紧张的环境，但他内心的安稳和平静沉着，仍然能够使他不受外界的干扰。

孩子也是如此。父母要教会孩子用内心的平静来主宰自己的一切行为，这样，在与他人的沟通中就能控制自己的情绪，使沟通的效果更加良好。

绚丽的色彩，看起来会很美，但不一定最动人心；宁静之景，却一定会搅动人们内心快乐的微风。如果用宁静的心去观照，没有什么不是美丽的风景。宁静淡然的心，就是快乐世界。

正确评价自己就能战胜自卑

生活中，很多孩子都存在着自卑心理，他们看不到自己的长处，总觉得自己不如别人。他们对自己各方面的评价都很低，有的孩子甚至在父母面前也会感到自卑。这种自卑性格会给孩子带来极其严重的影响。试想，一个瞧不起自己的孩子，怎么能获得成功呢？因此，家长们就应该想办法帮孩子建立起自信心。

君君是个16岁的女孩子，刚刚升入重点高中，她性格内向，有很深的自卑心理。妈妈抱怨说："我不知道这孩子一天到晚在想什么，别人的孩子都那样自信活泼，可我的孩子却……"

君君到底在想什么呢？请看她的一段内心独白："上了高中后，我心里常被一些说不清、道不明的莫名其妙的感觉袭扰，并且越来越严重。有时心里空荡荡的，没着没落；有时又乱哄哄的，不知应该做些什么。同学们都在争分夺秒地学习，准备升学，可我听课时安不下心，作业懒得完成。我这样一个无用的人，将来能做些什么？升学，我能考上吗？经商，我哪有这样的天赋？靠弹钢琴挣钱养活自己，可我又哪有那么大的能力呢？同学们整天都在忙忙碌碌、紧张地学习，空闲时间还三五成群、欢呼雀跃地参加文体活动及各种竞赛，可我无论做什么事都犹犹豫豫、忧心忡忡，拿不定主意，经常因为害怕失败而退避三舍。我终日六神无主，心灰意冷，学习成绩不断下降，听课、写作业成了一种负担，只能靠画画打发时间。生活是这样索然无味，我真心希望自己将来能有所作为，至少成为一个能自食其力的人，可我又总是缺乏把一件事坚持做到底的信心，因为我不相信自己有做好一件事的能力。在同龄人面前，我总感到自己比别人矮一截，有时甚至觉得别人看我的眼神都是鄙视和冷漠。像我这样一个多余而毫无价值的人，生活在这个世上还有什么必要？真不如死了的好……"

儿童心理学家告诉我们，孩子的自卑往往是由于自我评价过低导致的。一些性格自卑的孩子，往往认为自己处处不如人，这也不好，那也不行。比如这个故事中的君君，就是把自己贬低得一无是处。而事实上，她既然能考进重点高中，起码她的学习成绩就应该不错；她会弹钢琴、会画画，说明她应该是个多才多艺的女孩子，但她却偏偏看不到这些，反而沉浸在自卑的情绪里。一个人认为自己是怎样的人比他真正是怎样一个人更重要，因为每个人都是按他认为自己是怎样的一个人而行动的。自卑者不能全面、客观地评价自己，他们往往拿自己的缺点和别人的优点相比，看不到自己的"长处"和"过人处"，却对自己的短处和缺陷妄加评判，形成消极的自我概念。这是一种认知悲剧。

那么怎样才能帮孩子建立自信呢？心理学家认为，要做到这一点，首先就得让孩子喜欢自己、悦纳自己。

（1）引导孩子全面地评价自己，澄清认识

一些孩子在做自我评价时，往往只看到缺点，看不到优点，而且有时评价的也不够全面。比如，孩子常会这样说："我笨死了，学习成绩不好！""我不够聪明，总是反应慢！"其实评价应该是多角度的，不能只看学习成绩。

（2）教孩子一招自卑补偿法

家长应教育孩子在遇到挫折的时候，从多角度辩证地看问题，形成"合理化认识"。如，当考试成绩差时，可以强调考试时临场发挥不好或考试环境不利等其他外在原因，以减轻自身的压力。同时要教孩子利用自卑补偿法和转移等心理防御机制以保持心理完整或平衡，认识到某一方面的缺陷和不足可以通过其他方面的完美和丰富进行补偿和纠正。

（3）让孩子多给自己一些积极的暗示

著名心理学家莫顿曾提出"预言自动实现"的原则，认为人们具有一种自动实现预言的倾向。他相信，在我们的心灵的眼睛面前，长期而稳定地放着一幅自我肖像，我们会与它越来越接近。所以，如果我们把自己想象成胜利者，将带来无法估量的成功。当感到信心不足时，孩子应该给自己进行积极的自我暗示，把"没什么可担心的，我也行"、"我一定能成功"之类的话写下来，或者大声说出来。

（4）给自卑的孩子更多的关注

自卑的孩子其实渴望别人的关怀和关注，特别是老师和家长的关注。所以，我们应适时地满足孩子的心理需求。

（5）多给自卑的孩子一点儿表扬

对自卑的孩子，父母或老师应适当降低对孩子的要求，不要太过苛求孩子。对他们正在做的好事或平时的点滴进步，都应及时予以表扬或肯定。

父母们在发现孩子有自卑倾向时，就要积极地引导教育孩子，告别自卑，让孩子的性格自信开朗起来。

著名的精神分析家阿德勒曾说过，所有的人都有那么一点儿自卑，无论他是高官巨贾还是市井平民，概莫能外。也就是说自卑感是一种普遍存在的心理状态。其实适度的自卑可以使人认识到自己的不足之处，从而激发自己奋发向上，拼搏进取。因此，自卑感及其对它的克服、超越，可以使人完善自我，是人走向成功的起点和桥梁。如果没有自卑感，也就没了进取心。其实人人都会产生自卑，只是程度不同而已。所以，要正确对待自卑，不要只看到自卑的危害，更不能因为自己自卑而自卑。

用爱心告别冷漠

一位妈妈向教育专家抱怨说，她怀疑自己的女儿性格冷漠、缺少爱心，生活中很多父母也都有相同的感受，他们的孩子对他们冷漠，毫不关心，这让他们伤心极了。然而，孩子变成这样要怪谁呢？爱是人类天性，每一个人都希望得到别人的爱，同时也应该向别人付出爱。可一些父母往往只给予孩子爱，却不懂得要求孩子回报，也不鼓励孩子施爱的能力，久而久之，孩子就习惯于父母关心自己，却不知道关心父母。因此，父母们应学会引导孩子关心自己。

五岁的罗尼跟同龄的孩子一样，喜欢吃汉堡，喜欢喝碳酸饮料，喜欢各种新奇的玩具。妈妈因此也把他当成一个除了吃喝玩闹之外，其他什么都不会的小孩。不过，一次意外的机会让她彻底改变了这种想法。

那一年，罗尼家搬到了一个新的城市，进了一所新的幼儿园。一个半月后，幼儿园要开家长会，罗尼妈妈也在被邀请之列。去幼儿园的路上,妈妈开玩笑地对罗尼说:"怎么办啊?妈妈还没有完全适应这个城市,在你们幼儿园里,妈妈更是一个人都不认识,到时候你可要帮我啊。"

没想到罗尼一本正经地说:"没问题,妈妈。我认识那里所有的老师和小朋友,包括每天接送小朋友的爸爸妈妈。"

妈妈看他认真的样子觉得很有趣,但她也只是笑笑,没有放在心上。

到了幼儿园,罗尼开始执行他的承诺,他尽责地陪妈妈到会议室,严肃地把妈妈介绍给校长和其他老师,又认真地向妈妈介绍了幼儿园的每一个小朋友,最后告诉妈妈小朋友们的名字以及哪位是他们的爸爸或妈妈。

接着,罗尼把妈妈带到一个沙发面前,给她端来了一杯果汁:"妈妈,你先坐在这儿别到处乱走,我去趟厕所,一会儿就回来。"

罗尼妈妈坐在沙发上,欣喜地看着突然间长大的孩子,她突然明白了一点,在孩子面前偶尔扮演弱者的角色,实际上是对孩子责任心与爱心最好的鼓励与赞美。

这真是一个温馨的小故事,妈妈的一个小玩笑,让她看到了孩子懂事、负责任的一面。世上没有不爱父母的孩子,如果你希望得到孩子的关爱,那么至少先要让孩子知道你是需要他的关爱的吧!如果这个故事中的妈妈不是扮出需要帮助的样子,她的儿子又怎么会主动去照顾她呢?看来能否让孩子有关爱之心,关键还是在于家长的引导。

苏联教育家苏霍姆林斯基说过,爱心是最宝贵的,孩子的爱心必须从小开始培养,因此引导孩子的爱心也是父母对孩子应尽的义务。

生活中,很多父母都会发现这一点,你小小的孩子是乐于充当你的保护者的。如果停电时,你拉住孩子的手告诉他你很害怕,那么孩子一定会故作勇敢地抱着你:"妈妈不要怕,我来保护你!"曾经有一个很顽皮的孩子，他的父母对他的任性不懂事一直无可奈何。有一次，爸爸要出差，就告诉孩子说，"你长大了，爸爸出远门后，你要照顾这个家，妈妈很柔弱，你要像男子汉一样保护她。"结果父亲回来后惊讶地发现孩子变了个样，他为爸爸拿拖鞋、揉痛，据说在爸爸出差的日子里，他每晚睡前都要检查门窗是否锁好，还常为妈妈倒茶、帮妈妈干活。这位爸爸为儿子的转变而惊喜，同时他也认识到这样一个道理：孩子对父母的关爱之心是需要培养的，是需要家长去引导的，不能只向孩子付出爱，而不向孩子索取爱。

爱心是孩子心理健康的一个十分重要的内容，尤其在儿童时期，孩子的身心发育最为迅速，是最关键的时候。因此，在这个阶段呵护孩子的爱心，对塑造他们的良好性格和健康行为都具有十分重要的意义。然而现在的许多教育方法更多的是关注孩子的智力开发，却往往忽视了孩子品德的培养，甚至可以毫不夸张地说，现在许多孩子在被教育的时期是处于感情教育的荒漠之中的。爱孩子不是只要让他（她）吃好、睡好、学习好就可以了，还要让孩子心存爱意，关心父母和他人。

培养孩子不惧困难的个性

生活中很多孩子害怕遇到挫折，这种不良性格使得他们无法面对挫折和失败。而事实上没有谁能不经挫折就取得成功，所以有畏难性格的孩子也将与成功绝缘。

在生活中，困难和挫折是不可避免的，一些孩子信心丧失、沮丧、气馁是由于他们做不成喜欢做的事，在挫折面前产生了畏惧心理，丧失了克服困难的信心。心理学家认为：丧失信心的理由有千万条，但根本的原因只有一条，那就是学不会、做不好或觉得自己做不好。一旦做不好，信心就会丧失，倦怠、懒惰的情绪也随之产生，造成学不会——没信心——没兴趣——更学不会的恶性循环。

孩子之所以会一遇挫折就灰心丧气、自暴自弃，其根本原因还是在于教育方式。许多家长认为孩子还小，而且就这么一个，不能让他累着，更不让孩子做些力所能及的事情，事事都包办代替，孩子从小养成了衣来伸手、饭来张口的习惯。每当遇到一点儿困难，孩子就会叫父母、爷爷奶奶帮忙，从小就养成了依赖、懒惰的思想。这样教育出来的孩子，能有克服困难的信心和勇气吗？

畏难心理是孩子缺乏自信心的表现。有的家长在对孩子进行教育时，不是恰当地根据孩子的能力来提要求，对孩子的期望值过高，这样孩子往往达不到要求。这时，如果家长不问青红皂白横加指责的话，孩子就会感到自己很无能，丧失信心，以后一遇到困难、挫折也不动脑筋，心想自己反正不行，想也没用。

父母首先要从自己做起，给孩子树立不屈不挠、勇敢顽强的榜样。不要让孩子做他无能为力的事情，经常让孩子获得成功的体验，这样有助于孩子树立自信心。不要过分保护和溺爱孩子，不要当孩子一遇到点儿小困难就给他帮助，而应该鼓励他自己想办法解决。和孩子一起分析困难到底难在哪里，以便找出化解困难的办法。要通过真实事例让孩子知道，在困难、挫折面前唉声叹气并不会降低困难、减少失败，灰心丧气只会增加自己的痛苦。

曾经有一个一周岁左右的小男孩，被年轻的妈妈牵着小手来到公园的广场前，等到要上有十几个阶梯的台阶时，小男孩一下子挣脱开了妈妈的手，要自己爬上去。他用胖胖的小手向上爬，他的妈妈也没有抱他上去的意思。当他爬上两个台阶时，他就感到台阶很高，回头看一眼妈妈，妈妈没有伸手去扶他，只是眼睛里充满了慈爱和鼓励。小男孩又抬头向上看了看，他放弃了让妈妈抱的想法，还是手脚并用小心地向上爬。他爬得很吃力，小屁股抬得老高，小脸蛋也累得通红，那身娃娃服也被弄得都是土，小手也脏乎乎的，但他最终爬上去了。年轻的妈妈这才上前拍拍儿子身上的土，在他那通红的小脸蛋上亲了一口表示赞赏。

当孩子面对生活的种种挑战时，袖手旁观是不可能的。对孩子的爱和担心，会使父母身不由己地去帮助孩子，自然而然地去给他们保护，让他们少犯错误，帮他们权衡利弊，以便做出较为理想的选择，可以说这是做父母的一种本能反应。但也正是父母这种本能的过分呵护，让他们的孩子长成了脆弱的青年，这是一件很可惜的事。

父母们应该看到这一点，当你替孩子解决麻烦的时候，便也剥夺了孩子自己体验成败的机会，从而也纵容了孩子的依赖性，让他们无法从生活中体验战胜挫折后的自信。人在一生中将会遇到很多困难，父母不能永远充当孩子的保护伞。因此，当孩子遇到困难不知所措时，家长应该鼓励孩子勇于面对困难，让孩子转动脑筋，充分利用智慧自己去解决，而不是父母亲自动手为孩子扫平道路。用你的鼓励，从小培养孩子直面挫折的意识和坚强地承受挫折的能力，方能有效地激发孩子生命的能量，使他们的自信力、创造力在危急与困难时刻发挥到极致，增长孩子竞争取胜的才干和驾驭生活的能力，而父母也少了许多不必要的麻烦。

除了修正自身的做法外，我们还一定要帮助孩子建立一个观念——失败只是意味着缺乏技术和经验，和"人"的价值高低无关，失败只是代表某个阶段的结果，习得经验后便逐步迈向成功。

我们必须教导我们的孩子勇敢地接受自己不完美的事实，可以失败，然后从中学习，再出发，而不是一两次无心的过错或思虑不周造成的失败就加以责骂，造成他们自我印象的低落甚至毁灭，接踵而至的会是一连串的失败，没有成功。

性格好，做一个开朗活泼的孩子

给孩子讲一些名人不怕困难、不怕失败最终做出重大贡献的例子。在孩子遇到挫折时，要鼓励孩子树立信心，不灰心丧气，勇敢面对困难。当孩子通过自己的努力，尝到成功的喜悦后，孩子克服困难的信心就会增加。家长应注意帮助孩子吸取经验教训，让孩子在每次遇到困难后，总结一下困难的类型、克服困难的方法，以后遇到同样的问题就会顺利解决了。良好的意志品质是实现目的、事业成功的根本保证。因此，培养孩子良好的意志品质就显得非常重要，从生活的一点一滴做起，如：孩子摔倒了不要立即心痛地去扶他，而要让他自己爬起来。家长要让孩子了解，人生道路上人人都会遇到困难，困难本身并不可怕，可怕的是丧失了克服困难的勇气和信心，应该以坚强的意志去面对生活中遇到的各种挫折。

人生其实就是一场面对各种挫折的漫长战役，因此父母们一定要让孩子告别畏难的性格，鼓励孩子独自承受挫折，而这也将是孩子未来在社会上生存的最大资本。

自私自利会影响孩子的未来

自私使得孩子过分地关心自己，只注意自己的欢乐和幸福，很少考虑他人，一切以满足自己为主。自私自利的性格对孩子危害很大，要及时纠正。

张明在家里非常任性，全家无论什么事情都得依着他，对于家人的教育，他根本都不听。如果有什么事不顺他的心，就闹个没完没了。在学校和同学相处得也不好，常为一些小事与同学互不谦让，发生矛盾。张明的这种表现就是自私自利。

孩子自私自利，往往表现在只顾自己，不管他人，一切以自我为中心，有所谓："各人自扫门前雪，哪管他人瓦上霜"的性格特征。或者在金钱和财物上吝啬贪婪，自己的东西就不愿与人分享，而别人的东西却是拿得越多越好。这样的孩子常常令人生厌，很难与人交往，因此也就很难获得知心朋友。过分自私自利的孩子，还会在父母有事情的时候，因为自己得不到照顾而对父母发火，使父母伤心流泪。这样的事件在现实生活中确实出现不少。

产生自私自利的原因，一方面是由于孩子有天生的利己倾向。在孩子心理发展未达到成熟阶段的时期，其往往单纯地确定"我即世界"，这种以"自我为中心"的想法虽然随着时间和经历的推移，已逐渐成为接纳他人和减少利己的行为，但仍固执己见，不能接受公正、正确的意见。于是，孩子衡量外界的标准便是是否有利于他，相应的行为也如此。另一方面是因为父母在孩子成长过程中的错误教育所造成。有的父母对孩子的思想、行为反复无常、表里不一，当孩子犯错误时便嘲讽、鄙视，使孩子产生了畏惧心理，孩子就只能封闭和回避与他人的交往，缩回到自己的小天地里，结果必然导致孩子自私。此外，现在的家庭大多只有一个孩子，父母以及长辈容易集万千宠爱于一身，处处迁就孩子，容易使孩子从小就意识到"我想要什么就能得到什么，得不到只要一哭一闹也能得到"。于是就容易产生过分的占有欲望以及自大、独尊的心态，时时处处都要别人迁就，常常会提出一些无理要求。

自私的孩子，其行为对谁都有弊无利，父母应予以重视，及早预防：

父母对孩子应该加以积极正确的教育和引导，树立孩子正确的物质观念。让孩子学会与朋友分享一些东西，尝试一下"给予"、"付出"所带来的快乐。平时父母要适当地训练孩子热爱劳动的好习惯，不要让孩子有"事事都依赖父母"的思想。要训练孩子学会关心他人，体谅父母的辛苦，帮助父母做一些力所能及的事情，例如帮父母洗碗、扫地、擦桌椅等。在孩子吃东西方面，还要告诉孩子一定要把食物分成三份，一份给自己吃，一份留给爸爸，一份留给妈妈，不要一个人独自享用。如果家里还有爷爷奶奶和外公外婆，那么要把好吃的东西分成同等的几份，让每人都有一份。家里有客人来了，父母更要让孩子学会用东西来招待客人。吃饭的时候，不要只顾吃自己爱吃的东西，把自己喜欢的东西放到面前，并挑来拣去。别的孩子来玩，要鼓励孩子把自己的玩具拿出来一起玩，把自己喜爱吃的东西也分一些给别的小朋友，大家一起分享。

父母还可以利用"演戏"的方法来克服孩子自私自利的情况。这种方法就是通过孩子与父母亲之间扮演的不同角色，使孩子认识到人与人之间的关系应该是怎么样的。通过这些游戏，孩子首先会意识到经常接近的成人和自己的关系，如爸爸妈妈怎样爱护自己，然后意识到有关系的人们之间的关系，如老师怎样爱护和教育小朋友、司机怎样有礼貌地对待乘客、医生怎样关心爱护病人等等。孩子通过体会他人的感受，就会从"以自己为中心"，转变到从他人的角度来考虑问题，从而学会为他人着想。

除此之外，父母还可以在日常生活中有意识地安排一些情景，直接教会孩子应该怎样付出爱和关心别人，当将来父母亲出现有病等"情况"时，孩子就会懂得怎样去做。这样，不但有助于训练孩子克服自私自利的不良性格，还可以培养孩子为他人着想和独立处理问题的能力。

家长必须改变以前那种盲目溺爱、一味娇惯孩子的做法。就该对孩子的具体要求分清是否合理，对于一些不合理的、过份的要求应予以明确拒绝，并对孩子耐心地讲明道理，指出他的不足之处，提出批评。当然要孩子一下子接受肯定是不可能的，这期间必然有一个适应的过程，因此对于孩子的哭闹，家长应有充分的心理准备，一是不要再因为孩子的哭闹而盲目迁就；二是不要因为孩子的哭闹而大发脾气，给孩子一个冷处理的过程，让他意识到哭闹是解决不了任何问题的。

胆怯的孩子难有大作为

生活中，有很多胆小怕事的孩子，对于这样的孩子，父母们往往认为：现在应该顺其自然，长大点儿就会变好了。然而这种想法是错误的，孩子的怕生怯懦会对性格的形成造成不良影响。

六岁的女孩陶桃孤僻、温顺、胆小、怕狗、怕猫，还怕小老鼠。在家里，父母非常宠爱她，奶奶更将她视为掌上明珠，处处关心、事事包办。平时父母上班后陶桃喜欢一个人待在家里，玩玩具、看小人书、听奶奶讲故事。平时，她很少出门，十分听话，非常乖巧，邻居们都夸陶桃是听话的好孩子。即使家里来了客人，无论大人还是小孩，陶桃大多不理不睬，也不上桌吃饭，独自到里屋玩玩具。在陶桃四岁的时候，妈妈送她上幼儿园，她又哭又闹，不肯去幼儿园。被父母强行送入幼儿园后，陶桃却一个人躲在角落里，不与任何小朋友玩耍，对谁也不讲话，也不愿参加集体游戏活动，显得十分孤僻，老师反复劝慰，作用不大。无奈，父母只得把陶桃领回家，但一回到家陶桃就又恢复正常，与奶奶、父母倒是有说有笑，有时还能帮助奶奶择菜、扫地、洗手帕等。看到陶桃的情况，父母对此非常担忧。

现在，有些独生子女胆子特别小，令家长着急、担心，怕孩子得不到很好的发展。

恐惧是人的一种消极心理，它到处压迫着你，使你不敢勇往直前。害怕，是幼儿拥有理性、潜力和自我保护、自我调适能力的证明。在看魔幻影片时，许多人都对影片中的"魔幻世界"里的各种奇怪事物产生恐惧，这种害怕会让人在看完影片后还心有余悸。而早已为我们熟悉的世界对幼儿来说就是"魔幻"的，世界上的一切对幼儿来说都是那么的新奇新鲜，从而让孩子产生出种种的恐惧，但是绝大多数孩子都能够很快地摆脱恐惧并长大成人。胆小、害怕对孩子有保护作用，这是因为胆小害怕说明幼儿对新事物的体验比较敏感，观察得比较仔细，这些虽然妨碍了他接纳新事物、适应新环境的速度，但是胆小和害怕能够使孩子采取更安全、更慎重和更有益的方式协调他与外界的关系。

家长应有意为孩子创设自我管理的机会，培养孩子独立自主的能力。家长要表现出对孩子能力的信任，培养孩子的勇敢精神。让孩子学会逐渐摆脱对他人的依赖，能够独立地做出各种决定，完成他们力所能及的事情。

家长应教给孩子简单的社会交往技能，鼓励孩子参加各种社会活动。尽量为孩子创造各种条件，让孩子充分体验和同伴一起游戏的乐趣。家长要引导孩子与同伴的交往，但在带孩子外出或去公共场所活动时应设法减轻孩子的心理压力，最好不要指责孩子在公共场所或陌生人面前表现的不当行为，也不要当着孩子的面向客人解释孩子的退缩行为，如"我的孩子胆小，不愿见生人"，"这个孩子在家里还行，一出门就变得胆小了"等诸如此类的言语，即使这些语言是带着善意的，也会导致孩子的反感和抵触情绪，甚至会强化孩子的胆小退缩行为，使孩子产生自卑感。

家长对孩子的要求要适度，及时对孩子的良好行为予以表扬。期望孩子能实现自己愿望的父母们很容易对孩子提出过高的要求，总是看到自己孩子的缺点而看不到优点，总爱拿自己孩子的短处比其他孩子的长处，这样做就难免形成孩子的自卑。所以家长对于孩子在社交活动中出现的任何进步表现，都应给予及时的鼓励，不时地加以赞美，适时奖励孩子的点滴进步。

许多孩子所以怯懦，无非就是害怕失败。但越害怕失败就越不敢行动，越不敢行动就越怕，一旦陷入这种恶性循环之中，怯懦就更加深。对此，家长要经常有目的地给小孩讲不怕失败、战胜困难的小故事。平时，有意交给小孩一些让他（她）感到怯懦的、困难的任务去完成，当孩子想打退堂鼓时，及时给予鼓励和帮助。随着这类锻炼机会的增多，他（她）的勇气就自然积累起来，就不会感到怯懦了。

二

习惯好，养成准时守信第一印象

好习惯就是生产力，好的习惯如同种子，今天的播种不一定马上就有结果，或许它要经过几年时间才能成熟，但是毫无疑问，没有播种永远不会有收获，而我们的举手之劳却为我们带来了超过想象的丰富回报。生产力带来创造力，小习惯带来大成就，伟大人物有伟大的习惯，但千万别说我做不到！习惯是教育形成的产物，它往往起源于看似不经意的小事，却蕴含了足以改变人类命运的巨大能量。

学会更合理地分配时间

小乔是个电视迷，每天一回到家里，她要做的第一件事就是看电视，无论是什么样的节目她都看得津津有味。而且她有个不好的习惯就是每到吃饭的时候，总要端着碗来到电视机前，边看边吃。

这天，小乔正在电视机前目不转睛地盯着屏幕，看得可入迷了，而她端在手里面的饭一口也没动，妈妈注意到了这一幕，觉得这是个教育孩子的好机会，她走到小乔身边坐了下来，问道："在看什么节目呢？"

小乔头也没回，只是快速地答道："《娱乐无极限》，太好看了。"

过了五分钟左右，节目完了，妈妈这才正式展开了话题："小乔，你知道的，我并非不准你看电视，但时间上的分配是否可以更合理些呢？你这样边吃饭边看电视，是很不健康的习惯，对身体也不好的。我希望你要学会更合理的分配时间！"

小乔听了妈妈的话，有点儿不好意思了，说道："哦，我会改掉这个毛病的。"

妈妈微笑着说道："看电视的时候就好好看电视，学习的时候就用心学习，吃饭的时候就美美地品尝，呵呵，可以做到吗？"

小乔点点头，笑了。

很多时候，父母常常会为了孩子看电视的问题头疼不已，因为孩子常常会呆坐在电视面前，目不转睛，就像故事里面的小乔吃饭的时候也端着饭碗。面对这样的情况，很多家长通常会立刻把电视机关掉，然后责骂孩子："以后不准再看电视了！""作业做完了吗？就只会看电视。"尽管父母的动机是善意的，但这样的语气和举动难免会让孩子难受。

父母为何不尝试给孩子提供选择呢？让他自己明白时间是有限的，要运用得宜，便要有适当的时间分配。让孩子自己去选择权衡轻重和掌握安排做事的先后次序，这样便可以培养他的独立、辨别是非的能力。一句"我并非不准你看电视，但时间上的分配是否可以更合理些"会比毫无理由的责骂好很多。最重要的是让孩子知道，父母只是在提醒他，不是强硬地要他怎样做，让孩子有自己选择的自由权利。

父母还要做到进一步协助孩子制定和合理地控制每天观看电视的时间，让孩子养成良好的习惯。

父母可以通过和孩子们一起看电视来帮助孩子解释他们在电视上看到的，使用电视来表达你对不同的主题（性、爱、工作、行为、家庭生活）的感受以及解释一些混乱的状况，教育你的孩子去提问并且从看电视获得一些知识。

父母为孩子树立一个榜样：在业余时间读书、锻炼、谈话，做饭等代替看电视的其他努力，父母能控制孩子们所看的电视，使用频道选择器和开关按钮，以及通过教导孩子有效地使用电视，父母能克服潜在的消极影响并且帮助他们的孩子从电视中挣脱出来。

父母可以换一种方式让孩子远离电视的吸引，家长可鼓励孩子进行室内和室外活动：实地考察旅行、游戏、运动、业余爱好、读书和家务杂事，指定特定的晚上进行特殊的家庭活动。这是个电视教育的时代，很多新事物，可以通过电视传授教育。善用电视的方法，就是跟孩子一起看电视。节目选择多，应该给孩子筛选。

言而有信的人才能受人尊敬

　　一个言而无信的人是没有人愿意跟他合作的，在人际交往中，一定要有一诺千金、说话算数的好习惯，这样才能博得他人信任。而这种守信用的好习惯，是每个孩子从小就该养成的。

　　有一个德国孩子，他父亲早逝。父亲去世时留下一堆债务。若按常规，欠债人已去，把他的商品拍卖分掉，债务差不多也就算了。但是这孩子一一拜访债主，希望他们宽限自己，并保证父亲留下的债务分文不少地还掉。后来这孩子果然历二十年之功，把父亲留下的债务，连本带息、分文不落地全还了。周围的人都非常感动，知道他是一个可靠之人，也都非常愿意和他做生意。结果这孩子不但博得了别人的合作，也赢得了他人的尊敬，他的事业越来越顺利。

　　与人合作，守信是第一大原则。守信，会使人对你产生敬意和信任，也因之会使人愿意公平地与你合作。和一个不守信用的人合作，考虑到有失信的危险，人们通常会把合作的费用提高，以防万一。

　　一个周末，宋耀如准备带着全家去朋友家做客，孩子们大都穿好了礼服就要出发了，只有宋庆龄仍在钢琴前弹奏着那动听的旋律。母亲喊道："孩子们快走吧，伯伯正等着我们呢！"听到妈妈的喊声，宋庆龄立即合上琴盖，跑出房间，拉着妈妈的手就走，刚迈出大门，突然又停住了脚步。"怎么啦？"一旁的宋耀如看到庆龄停住了脚步，不解地问道。"今天我不能去伯伯家了！"庆龄咬着嘴唇说。"为什么不能去，孩子？"倪桂芝望着女儿说。"妈妈，爸爸，我昨天答应敏敏，今天她来我家，我教她叠花。"庆龄说。"我原以为有什么非常重要的事情呢？这好办，以后再教她吧！"父亲说完，便拉着庆龄的手就走。"不行！

不行！敏敏来了会扑空的，那多不好呀！"庆龄边说边把手从父亲的大手里抽回来。"那也不要紧呀！回来后你就到敏敏家去解释一下，并表示歉意。明天再教她叠花不也可以吗？"妈妈说。"不！妈妈，您不是常说要信守诺言，我答应了别人的事，怎么可以随意改变呢？"宋庆龄不停地摇着头说。"我明白了，我们的罗莎蒙黛是一个守信用的孩子，不能自食其言是吗？"妈妈望着庆龄笑了笑，接着说："好吧，那就让我们的罗莎蒙黛留下吧！"宋耀如夫妇放心不下家中的小庆龄，在客人家吃过中午饭，就提前匆匆地回到家中。一进门，宋耀如高声喊道："亲爱的罗莎蒙黛，你的朋友敏敏呢？"宋庆龄回答说："敏敏没有来，可能是她临时有什么急事吧。""没有来，那我的小罗莎蒙黛一个人在家该多寂寞呀！"倪桂芝心疼地对女儿说。"不，敏敏没有来，家中虽然只有我一个人，但是我仍然很快活，因为我信守了诺言。"宋庆龄回答。听了小庆龄的话，宋耀如夫妇满意地点了点头。

要知道，一个言而无信的人是没有人愿意与他合作的。

一天，小威特正准备去参加同学查理邀请的家庭晚会，这时爸爸回来告诉他一个好消息，他最喜欢的魔术团来镇上进行魔术表演，现在就带他去，他一听兴奋极了，就对妈妈说："一会儿要是查理打电话来，就说我病了，晚会就不参加了。"老威特一听，非常生气地说："原来你答应了同学有事，既然答应了，就应该遵守诺言，怎么能出尔反尔，撒谎骗人呢？本来如果你今天有事，爸爸可以明天带你去看魔术表演的，但是现在由于你这样没有诚信，我不会带你去了。"小威特一听伤心极了，没想到自己认为这么小的一件事，爸爸竟然如此生气。后来老威特给他讲了寓言《鳄鱼的眼泪》，告诉他诚信的重要。在父亲的教导下，小威特成为了一个诚实守信的孩子，并终于学有所成。

信用是一个人的立身之本，一个全无信用可言的人一定会为众人所不齿，因此孩子从小就应培养自己高尚的品格，养成守信用的好习惯，做个让人尊重、信赖的好孩子。

对错误不停地狡辩会养成说谎的习惯

说谎是一种不良的行为习惯，一经形成，就相当顽固，不易改正，而且说谎在现实生活中又相当"流行"，造成了一种很不好的社会风气，因此，矫正孩子说谎至关重要。

从前有一位贤明而受人爱戴的国王，把国家治理得井井有条，人民安居乐业。国王只有一个女儿，她已到了结婚的年龄。于是他决定，在全国范围内挑选一个女婿，培养成自己的接班人。

国王选婿的标准很独特，给小伙子们每人发一些花种子，宣布如果谁用这些种子培育出最美丽的花朵，那么谁就成为他的女婿。

小伙子们领回种子后，开始了精心的培育，从早到晚，浇水、施肥、松土，谁都希望自己能够成为幸运者。

有个叫雄日的青年，也整天精心地培育花种。但是，十天过去了，半个月过去了，一个月过去了，花盆里的种子连芽都没冒出来，别说开花了。

苦恼的雄日去请教母亲，母亲建议他把土换一换，但依然无效，母子俩束手无策。

国王决定的观花日子到了。无数个穿着整齐的小伙子们涌上街头，他们各自捧着盛开鲜花的花盆，用期盼的目光看着缓缓巡视的国王。国王环视着争奇斗妍的花朵与漂亮的小伙子们，但他并没有像大家想象的那样高兴。

忽然，国王看见了端着空花盆的雄日。他无精打采地站在那里，眼角还有泪花，国王把他叫到跟前，问他："你为什么端着空花盆呢？"

雄日抽泣着，他把自己如何精心种植，但花种怎么也不发芽的经过说了一遍。还说，他想这是报应，因为他曾在别人的花园中偷过一个苹果吃。没想到国王的脸上却露出了开心的笑容，并且高声说："孩子，我找的就是你！"

"为什么是这样？"大家不解地问国王。

国王说："我发下的种子全部是煮过的，根本就不可能发芽开花。"

捧着鲜花的小伙子们都低下了头，他们全部都另播下了种子。孩子的谎言的确让父母和老师伤透心神却又备感迷惑。因为我们总是把"不能说谎，要做诚实的孩子"作为一种基本道德来教育孩子，尽管"狼来了"的故事早已为孩子们所熟知，但结果却往往事与愿违。只要我们稍作留心，就不难发现孩子说谎往往有着不同的动机，因而要区别对待。

第一，深入探究孩子说谎的原因，并且有针对性地加强惩罚。假如孩子是害怕你生气，你就需要解释你的怒气其实来自失望与受到伤害，因为你相信你与他之间存在某种信任感，可以包容他偶然的犯错误。你应该要求他坦言是否做了错事，你也向他坦言他应该接受相应的惩罚。这样，你就不会太失望，因为你不喜欢他再用说谎去错上加错。

第二，假如在证据确凿时，他仍坚持不承认撒谎，你应该平静地问他为什么这么做。换言之，你强调的重点不在于要他坦白承认说谎，而在于讨论当事实已经摆在眼前时，他为什么还要坚持否认。这时，父母要尽量控制自己的怒气，否则只会让他更难以面对真相。可以试着问他一个问题："如果真相大白，你想你会怎么样？"

再次，假如孩子决定不再撒谎，并告诉你实情，一定要记住称赞他，但也不要忘记惩罚。你可以说："我很高兴你告诉我了，我相信你是可以信任的。你如果不说实话，我会罚你两天不准骑自行车。但现在，你只需要为那个错误承担一定的责任，我就把惩罚减少一天。"

第四，你要试着诚实地评价。身为父母，你是否无法接受坏消息呢？你是否有强烈并且令人畏惧的情绪反应呢？如果是，那么是你自己给孩子提供了撒谎的基础。说谎并不是悲剧，不过这种行为表示孩子有所隐瞒。他不是害怕他的所作所为，就是害怕你。不管哪种情况，如果孩子知道你会适当地处理不当行为，并且考虑他的需要，那么说谎的情形就能得到很大的改善。

英国著名教育理论家洛克曾说："说谎在形形色色的人群里很盛行，要使儿童不看到、不听到别人说谎是很困难的。孩子经常看到、听到别人说谎，又怎么会不学呢？"为此，我们父母和老师应以身作则，切不可为了达到某种暂时的目的而欺骗孩子，对孩子说谎。遇事应对孩子说真话，耐心地讲清道理。此外，对孩子许下的诺言要兑现，做到言而有信。万一忘记或无法兑现时也应该向孩子道歉并说明原因，这样对改正孩子的说谎也是有利的。

说话算话才能受人尊重

遵守承诺对父母来说有时并不是那么容易，但是我们只要想想，或许就是因为这一次的失信，而使得孩子失去对父母的信任感。因此，从我们自身做起，养成遵守承诺的习惯，相信孩子也会在潜移默化中感受到遵守承诺的重要。遵守诺言是一项重要的感情储蓄，违背诺言是一项重大的支取。实际上，最能导致情感储备大量支取的莫过于许下某个至关重要的诺言而又不履行这一诺言了。

一只青蛙和一只蝎子同时来到河边望着滚滚流水，正思索着如何渡过河去。

这时蝎子开口向青蛙说:"青蛙老弟,不如你背着我,而我也可以辅助你指引方向,就可以到达对岸。"

青蛙说:"我才不傻,背你,搞不好毒针乱刺,我随时一命呜呼。"

蝎子说:"不会,不会,在河中如果你溺水,那我不也完了吗?"

青蛙一想有道理,就背着蝎子向对岸游去。在河中央青蛙忽感身上一阵刺痛,破口大骂蝎子:"你不是承诺不刺我的吗,为什么背叛诺言?"

蝎子脸不红气不喘毫无悔意地说:"没有办法,这是我的本性啊。"

结果双双而死。蝎子不守诺言,以"这是我的本性"为借口,来逃避责任,而最终自己也为之付出了生命的代价。

信守承诺是一笔巨大的财富。没有人能脱离社会独自成功,只有在他人的合作下才能够成功。人与人合作的基本前提就是要遵守诺言。一个遵守诺言的人,别人才愿意与他合作。假如我们养成了一贯履行承诺的习惯,别人会因为我们的成熟而倾听我们的意见与劝告。因此,守信用的孩子更受人欢迎,更容易获得社交的成功。

父母可以从以下几方面着手培养孩子的守信。

首先,对人讲信用,说话负责任。告诉孩子答应别人的事一定要兑现;在答应别人之前,要慎重考虑自己有没有能力和把握做到;对不能做到的,就不要轻易答应;对比较有把握做到的,也应留有余地,不要大包大揽。如果由于特殊原因,经过再三努力仍没有做到,应诚恳地说明原因,表示歉意。

其次,对孩子守信的事及时鼓励。当孩子守信时,不管事情多么微小,有没有实在意义,父母要及时鼓励褒奖,相反便加以纠正、教育。要让孩子懂得,在人际交往中守信既是对对方的重视和尊重,也是约束自己的基本要求,是懂礼貌、有教养、威信高的最直观表现。

第三，告诉孩子不要轻易许诺。有些诺言的确可以轻易实现，也有些诺言虽也可以实现，但却没有足够把握可以达到目标，还有些诺言是根本无法实现的，因为一个人的能力毕竟有限。

诺言应是一种肯定，是对某种追求、某种责任的信念与执著。诺言之所以能成为一种力量，是因为信用具有无上的价值。社会秩序建立在人与人之间彼此遵守约定的基础之上，是否实践诺言，是衡量人类精神是否高尚的准则。道义、道德也都表现在守信上，如果人们不把守信作为制约自身行为的准绳，社会生活的各个阶层将蒙受其害。每一个人都应遵守诺言，诺言是神圣的，承诺是金。

说谎的人会失去别人的信任

这天，数学段考的成绩下来了。李小余看着满是红叉的试卷，唉声叹气起来。他心里很清楚，这次考试本不应该考得这么糟糕的，可就是因为自己的粗心大意，匆匆忙忙答完题，没有认真检查一遍，所以很多题就这样白白地丢分了。

回家的路上，李小余一直在想着如何向爸爸妈妈解释这件事情，唉，要是他们看到这张试卷，非臭骂自己一顿不可。"要是这张试卷不见就好了，对了，就告诉他们试卷不见了。"这个念头瞬间浮现在李小余的脑海中。

回到家，爸爸第一时间询问了数学段考的事情："怎么样，段考试卷发下来了吗？让我看看这次老师出的数学题型吧。"

李小余故意装着在翻书包的模样，可是就是没把试卷翻出来。当然了，他早已把试卷藏得好好的了。他故作焦急状，说道："天呀，试卷怎么不见了？难道我弄丢了吗？"

虽说李小余的"表演"看起来很成功，但是还是逃不过老爸的"火眼金睛"，于是，爸爸说道："试卷真的找不到了吗？其实，不管这次考试成绩如何，都不是最重要的，我主要想了解一下你到底在哪些地方丢了分，再根据这些情况对你进行相应的指导。希望你能了解我说的话。"

听罢爸爸的话，李小余的脸渐渐红了起来，他低声地说道："实际上，试卷没丢，只是我把它收起来了。对不起，爸爸，我说谎了。"

爸爸严肃地说道："孩子，你要知道，说谎的人会失去别人的信任，我希望你做个诚实的人。告诉爸爸，你能做到吗？"

李小余感激地望着爸爸，坚定地点了点头。

孩子说谎实在是一个严重的问题。而且一旦说谎成为孩子的习惯，那就很难戒除了。所以，面对孩子说谎的问题，父母们一定要抱着认真的态度去处理。

教育说谎话的孩子，一定要注意批评的技巧，切不可一味地批评、打骂孩子。

当发现孩子说谎时，父母要弄清楚孩子说谎话的原因，一般情况下孩子说谎是模仿成人行为的结果。父母在日常生活中由于应付某些特殊情况而不得不讲假话时，孩子不加分析、判断就会全盘模仿。

此外还有可能是因为逃避责任，免遭打骂和惩罚。孩子有时是在环境的压迫下才说谎的，而且只有当发现说谎可以逃避责任，免遭打骂和惩罚，才真正有意识的说起谎来。

有时候对于孩子的无意说谎，家长不必过于追究，因为随着孩子认识能力的提高，这种现象会慢慢消失。而对于有意说谎的孩子，则要严肃对待。有意说谎通常带有明显的欺骗目的。当他们知道一旦讲出事实真相将要受到惩罚时，就可能用谎言来掩盖事实。或者，当孩子意识到不隐瞒事实将得不到社会承认或家长表扬时，也可能采用说谎的手法。

针对这一点，家长可以对孩子说："说谎的人会失去别人的信任。"增强孩子的自律意识，自觉地改变说谎的坏习惯。

不要用成人的道德标准来责难孩子。小孩子说谎的动机往往不是为了损人利己、伤害他人，而是一种自我表现、自我想象，不可轻易用道德、良心之类的语言指责孩子。父母要言之有信。许多父母为了诱导孩子完成一件任务，便信口开河许下诺言，却不信守诺言，这样容易使孩子产生抵触情绪。

诚实比分数更重要

期末考试结束后，同学们终于可以松一口气了，轻松愉快地或去打球，或笑闹着往家赶。可姗姗却满脸愁容，心事重重地回到家，一句话也不说，便独个儿把自己关在了房间里。妈妈很是纳闷，姗姗怎么突然变成这样了，好不容易考完试了，她应该高高兴兴的呀，怎么会一反常态？

妈妈去敲姗姗的房门，说道："珊珊，怎么一个人闷在房间里呢？是考砸了，还是别的什么事情？把门开开，和妈妈说说，好吗？"

珊珊把门打开了，可她却只是流泪不说话，正眼也不敢瞧妈妈，良久才怯怯地小声说："我考试作弊，被老师抓住了……"

妈妈这下明白了，她平静地和姗姗说："妈妈觉得诚实比分数更重要，我相信你能明白的，对吗？"

珊珊微微点头，哭着说道："在考数学的时候，我忍不住偷看了一条公式，可偏偏就被……我不是故意的。"

妈妈拍拍她的肩，柔声继续道："偷看一条公式也是作弊呀，作弊就是不对的行为，我希望以后再也不会听到类似这样的事情了，能答应妈妈吗？我们拉勾！"

珊珊伸出手和妈妈拉起勾来，她含着眼泪感激地对妈妈说："我保证不会再有下次了，请您原谅……"

没等珊珊说完，妈妈已经把她搂在了怀里。

生活中，当父母们听到孩子考试作弊的事情，当自己的孩子像姗姗一样犯了不该犯的错误，面临着受处分的紧张压力时，家长该如何处理呢？

父母首先不要发怒和指责孩子。当孩子犯了错误以后，本来心情就非常焦虑和紧张，"要不要告诉父母？父母知道以后会怎么样？"孩子内心一直在矛盾着，斗争着。最后孩子还是把真相告诉了父母，这说明孩子内心经过激烈的斗争以后，勇敢战胜了怯懦，诚实战胜了虚伪，这时最需要的是父母的帮助。如果家长这时不冷静，伤心失望之余，动手打孩子或者恶语相向："你怎么这么不要脸，这种事情让人知道以后叫父母怎么做人？"这样会加重孩子的恐惧和内疚，甚至可能会引发无可挽回的悲剧。

就孩子自身而言，作弊原因主要有以下几方面：一是虚荣心作怪，总想考出一个更好分数，以孝敬父母，或安慰自己。二是不平衡心理使然，自己本来不想作弊，看到周围同学由于作弊而获得高分，排得好名次，受老师表扬，家长高兴，本人也洋洋自得，而自己老老实实地考试反而不如他，因而心理不平衡，也去作弊。三是侥幸心理，见有人作弊没被抓住，自己也铤而走险。凡此种种，家长应心平气和地坐下来与孩子谈心，分析出现这一错误的原因，让孩子讲述当时的心路历程，再给予相应的评价，引导孩子正确认识自己的错误。

此外，父母应引导孩子"先学会做人，再学会做学问"。做人最重要的就是诚实正直，家长应引导孩子明确"诚实比分数更重要"的道理。宁可要不及格的诚实，也不要掺假的高分。教育孩子以平常心对待考试。告诉他"只要尽力而为就行"。

当发现孩子考试作弊了，父母切不可袒护孩子。孩子作弊被发现以后，是件丢面子的事，特别害怕受处分，也使家长无地自容，这时家长因害怕丢面子而代孩子向学校、老师求情认错，如此这般只会助长孩子的作弊心态，认为只要有父母出面，什么事情都能摆平，就不再从自身找原因了，难免以后再犯。孩子犯了错误并不可怕，重要的是如何帮助孩子走出错误。应保持冷静，与孩子心平气和地了解情况，分析原因。心平气和地了解事情的前因后果及孩子的真实想法，引导孩子树立诚实的品质。

教育孩子说真话

17岁的拉尔夫回到家中，衣服上沾有血迹。母亲看到这一情况后吃了一惊，母性的本能使她迫切想知道发生了什么事儿，但看到拉尔夫那双疲惫的眼睛和沉默的神态，她忍住了，只是把儿子喜欢吃的东西端上了餐桌。吃过晚饭后，拉尔夫回到了自己的房间，母亲端着一杯热奶走了进去。

"亲爱的，我想知道到底发生了什么？"母亲把杯子放在拉尔夫的手中，慈爱而诚恳地说道。拉尔夫选择了沉默，在那一刻他考虑着到底怎样告诉母亲，是直言不讳还是撒谎。最后，母亲平常的教育在他身上发生了效果，他低着头，告诉母亲自己参加了打群架，并请求母亲原谅。母亲柔声说道："宝贝，我知道年轻人血气方刚，偶尔冲动也是可以理解的。你这样做是不对的,希望这样的情况以后不要再发生。不过你对我说了真话,让我非常欣慰。"

只有孩子说真话,父母才能知道他们究竟在想什么,从而才能适当地给孩子以鼓励、引导、帮助和劝阻、匡正。要是孩子说假话成了习惯,他的行为就会变成当面一套、背后一套,很容易走上犯错误、做坏事甚至违法犯罪的道路。所以,为人父母者一定要教育孩子不撒谎、说真话。

人的一生都是在真与假的斗争中度过的,父母要认真引导孩子从小说真话,逐步培养孩子从小说真话的好习惯。这种习惯一旦养成,就会变成巨大的精神力量,变成一种做人的宗旨,这样的孩子才是最有希望的,将来才可能有出息。

具体来说,父母可以从以下几个方面努力,培养孩子说真话的好习惯。

第一,为孩子树立说真话的榜样。

父母自己首先一定要说真话,为孩子做出榜样,无论在什么情况下都不撒谎、不作假,有什么说什么,说到做到,要让孩子看到父母是怎么做的,并让孩子懂得为什么不能撒谎说假话。有些父母在孩子不高兴或是自己很高兴的时候,常常会"哄"孩子,给孩子开空头支票,许下很多并不准备兑现的诺言。父母也许认为这些都是玩笑话,不值得认真,其实这样很容易在孩子心目中留下"爸爸妈妈说话不算数"的坏印象,从而使家庭教育失去基础,因为不被孩子信任的父母是没法教好孩子的。

第二,鼓励孩子说真话。

父母是孩子最信得过的人,孩子听到什么事情或是想到什么东西都会统统告诉父母。在这个时候不管孩子说什么,父母都要认真、耐心地听完,即使孩子有些地方说错了甚至使我们不愉快,也不要吹胡子瞪眼发脾气，更不要应付、糊弄孩子，而要亲切地跟孩子交谈讨论，说出自己的心里话。如果孩子因为说真话在外面吃了亏，父母应想办法做孩子的思想工作，明确表示支持孩子讲真话，鼓励孩子做一个真诚的人。总之，不论在何时何地都要鼓励孩子说真话，这样才能让孩子把说真话当成一种习惯保留下来，成为一个诚实的人。

第三，心平气和地跟孩子讲道理。

有些父母对孩子期望值过高，孩子的行为一旦达不到自己的要求，就会严厉训斥甚至拳打脚踢。很多父母认为对孩子严厉是对他们的将来负责，是希望他们能够出人头地，殊不知这种方式很可能会把孩子"逼"上满口谎言的绝路。在遭到父母无理教训时，很多孩子为了躲避训斥，往往会把一些真实的东西隐瞒起来，而以假话、假情况、假消息应付父母，报喜不报忧。所以，父母对孩子的要求一定要适当，即使孩子确实因自己的原因出了这样那样的差错，比如学习成绩不好、与人打架、乱花钱、不守纪律等，父母也要心平气和地跟孩子讲道理，而不能以泰山压顶的方式粗暴地逼迫孩子，因为"高压"只会带来虚假。

第四，教育孩子每日反省自己。

孩子有时并不知道自己所认识的东西是错误的，也未必明白自己做错了事，他们用自己单纯的眼光去看这个世界，用自己天真的头脑去想周围的事物，难免不受到限制。因此，父母要有艺术地教会孩子学会发现错误。这样对孩子循循善诱，才能使他们认清方向、少走弯路、早日成功。

在孩子的成长过程中，父母如果为孩子创造一个能保护和培养孩子说真话的环境，孩子就会自然而然地养成说真话的好习惯，长大后也会成为一个正派、诚实的人，受到人们的欢迎和尊敬。因为一个人只有说真话、相信别人、对生活有信心，才会问心无愧地面对各种事情，也才会得到别人的信任和理解。

培养孩子勇于承认错误的好习惯

美国第一任总统乔治·华盛顿小时候聪明好动，对什么事情都抱有强烈的好奇心。有一次，他为了试试自己的小斧头是否锋利，竟把父亲心爱的一棵樱桃树砍倒了。父亲发现后非常生气，厉声问道："这是谁干的？"

华盛顿心里有些害怕，站在一边紧张地盯着父亲。过了一会儿，他鼓起勇气走到父亲身旁，满脸羞愧地说："对不起，爸爸，樱桃树是被我砍断的，我只是想试试自己的斧子是否锋利。"

父亲看着他，问道："你不怕我知道了会揍你吗？"

华盛顿勇敢地抬起头，说道："可是，无论如何我也应该告诉您真相。"

听了华盛顿的话，父亲的怒气全消了，慈爱地对他说："亲爱的，我很高兴你对我讲了真话，我宁愿不要1000棵樱桃树，也不愿听到你撒谎。"

乔治·华盛顿从父亲的眼神里看到了原谅和期望，受到了莫大的鼓舞和鞭策。正是在这样的家教影响下，华盛顿养成了诚实的品质，并最终成就了一番伟大的事业。

试想一下，如果乔治·华盛顿向父亲承认错误后，得到的是父亲的一顿暴打，华盛顿以后还敢承认错误吗？作为父母，我们应该让孩子知道对父母讲真话并不可怕，完全可以得到父母的谅解。只有这样，孩子才会勇于承认错误，才不会对我们撒谎。

许多父母认为严厉的惩罚可以制止孩子撒谎，其实不是这样。严厉的惩罚会让孩子产生强烈的恐惧感，不敢面对事实，不敢面对父母，这样孩子就会产生自我防卫心理,会将撒谎"进行到底"。因此,父母在发现孩子犯了错误之后千万不可着急、气恼,更不可不问青红皂白就把孩子狠狠地训斥一顿。明智的父母会给孩子改正的机会,会耐心地引导孩子承认错误。当孩子主动承认错误时,父母应该给予鼓励,肯定孩子说实话是好的表现,然后指出错误的危害性,让孩子在鼓励中知错改错。

当孩子有说谎的毛病时,父母要做的是对孩子的行为进行观察,必要时对孩子的言行做些调查核实,这样可以堵塞孩子说谎的漏洞,或者使孩子的谎言不攻自破,千万别让孩子尝到说谎的"甜头"。

相信"列宁打碎花瓶"的故事很多父母和孩子都耳熟能详。

列宁八岁时到姑妈家做客,在和表兄妹们做游戏时不小心打碎了一只花瓶。因为当时没有人看见,当姑妈问是谁打碎的时候,列宁和其他的孩子一样说"不是我"。但是,列宁的母亲玛丽亚·亚历山大罗夫娜从他的表情上知道花瓶是他打碎的。这位母亲知道,自己必须想个办法让孩子承认错误。当然,最简单的办法是直接揭穿这个"骗局",并当面惩罚他,但这位明智的母亲没有这样做,她知道最重要的不是惩罚,而是教育儿子在犯错误后勇于承认错误,做一个诚实的好孩子。

母亲知道列宁是十分好强的孩子,粗暴的训斥会挫伤他的自尊心,空洞的说教也无济于事,惟有提供充分的时间让他进行自我道德评价,在内心深处萌生出羞愧感,让他自己纠正自己的谎言。于是,她装出相信列宁的样子,在三个月内一直没有提起这件事,而是给他讲各种各样的诚实守信的美德故事。在这段时间里,母亲明显感觉到列宁不如以前活泼了,似乎在受着良心的煎熬。

一天临睡前,母亲又像往常一样,一边抚摸着列宁的头,一边给他讲故事。忽然,列宁失声痛哭起来,哽咽着对母亲说:"我欺骗了姑妈,那个花瓶其实是我打碎的。"母亲听了非常欣慰,笑着安慰道:"你是个诚实的好孩子,给姑妈写封信,向她承认错误,相信她一定会原谅你的。"列宁马上起床,给姑妈写了一封道歉信。

列宁的母亲让孩子承认错误是采取"冷处理"的办法,也就是让孩子经过长期的思考与自我道德评价后自己承认错误。这种办法能使孩子从内心深处认识到撒谎不是好孩子,诚实才是美德。其实,父母们从这个故事中得到的不仅仅是教育孩子像列宁一样有敢于承认错误的勇气,更重要的是学会列宁的母亲这种引导孩子勇于承认错误的教育方式。她没有选择当面拆穿孩子的谎言的方式,而是用很多故事对孩子进行旁敲侧击,引导孩子,这是非常有艺术的教育方式。

在教育孩子勇于承认错误这一问题上,一般的家庭缺乏一种健全的"容错机制",要么认为孩子的错误用不着纠正,长大了自然就好了;要么认为孩子不能有错误,要做就得做好。前一种态度会导致孩子自以为是、知错不改的恶习;后一种态度会导致孩子压力过大,往往以撒谎的方式来缓解父母的期望给自己带来的紧张。有些父母则采取惩戒的方法纠正孩子的说谎,这种为"戒"而"罚"也是爱的基本方式之一,然而这又是一种最令人棘手和带有风险的爱,因为孩子容易对施加惩戒的人产生逆反心理。不过,如果父母的惩戒出于爱心,又执行得合理、巧妙,事后让孩子明白其中的道理,也会让孩子受益很大,并心悦诚服。

虽然人人都会犯错误,但是敢于承认错误并为之负责任的人却是少之又少,大人尚且如此,更何况是孩子呢。很多父母只会在孩子表现"精彩"时才给予奖励,殊不知,勇于承认错误是很难得的品质。做父母的一定要鼓励孩子勇于承认错误,并给予奖励、表扬。此外,父母要帮助孩子找到犯错误的原因,然后和孩子一起寻求解决的办法。很多时候,失败的经验、教训更能够推动一个人的成长。高明的父母可以让孩子在否定自己的过程中看到自己的成长,体会到更深刻的成就感。

用行动教会孩子诚信

父母常常要求孩子做一个诚信的人，因为诚信的品质会对孩子将来的个人发展有极大的影响。为了培养孩子这种高贵的品质，家长们尝试了很多办法：讲道理、严管、劝勉……而教育学家告诉我们，最有效的办法是父母在生活中慢慢用自己的行动教会孩子诚信。

曾参杀猪取信于子的故事在我国广为流传：有一天，曾参的妻子要到集市上去，小儿子哭闹着要跟着去。曾妻戏哄儿子说："好乖乖，你别哭，你在家里等着，妈妈回来杀猪炒肉给你吃。"儿子听说有肉吃，便答应不随母亲去了。

曾参的妻子从街上回来，只见曾参拿着绳子在捆猪，旁边还放着一把雪亮的尖刀，正在准备杀猪呢！曾参的妻子一见慌了，赶快制止曾参说："我刚才是同孩子说着玩的，并不是真的要杀猪呀！你怎么当真了？"曾参语重心长地对妻子说："你要知道孩子是欺骗不得的。孩子小，什么都不懂，只会学父母的样子听父母的教训。今天你要是这样欺骗了孩子，就等于教他说假话和骗别人。再说，今天你要这样欺骗孩子，孩子觉得母亲的话不可靠，以后你再讲什么话，他就不会相信了，对孩子进行教育也就困难了。你说这猪该不该杀呀？"

曾妻听了丈夫的一席话，后悔自己不该和孩子开玩笑，更不该欺骗孩子。既然答应杀猪给孩子吃肉，就该说到做到，取信于孩子。于是她和丈夫一起动手磨刀杀猪，为孩子烧了一锅香喷喷的猪肉。儿子一边吃肉，一边向父母投去了信任和感激的目光。

父母的言行直接感染了孩子。一天晚上，曾参的小儿子刚睡下又突然起来，从枕头下拿起一把竹简向外跑。曾参问他去干什么，孩子说，

二 习惯好，养成准时守信第一印象

这是我从朋友那里借来的书简，说好了，今天还，再晚也要还人家，不能言而无信啊！曾参笑着把儿子送出了门。

儿童心理学家认为，孩子总会情不自禁地摹仿他所看到的一切。而熏陶的方法正是利用孩子的这种心理，让父母以身作则向孩子施加好的影响，这样孩子就会在潜移默化中学会了父母的好品质。比如在这个故事中，曾参为了不给孩子留下"说话不算数"的坏印象，真的把猪杀了给孩子吃，而他的苦心也没有白费，就在曾参杀猪给儿子吃后不久的一个晚上，儿子本已睡下了，突然忆起借了朋友的书简该在当日送还，于是毅然爬起床送还书简，做到了诚信。

英国18世纪著名政治家福克斯的父亲是一位富有的英国人，像许多英国绅士一样，他觉得教给孩子承袭绅士应有的品质，是他义不容辞的责任，就算为此要付出一定代价。

福克斯的家坐落在漂亮的花园内。在他家的花园里有一座旧亭子，有一天父亲决定将它拆除，然后在另一个开阔的地方重建一座。正巧，这天小福克斯从寄宿学校回家度假，赶上工人在拆迁亭子。福克斯对亭子被拆除的全过程非常感兴趣，为此他打算晚几天回学校。但父亲却不许他耽搁学习在家看这无聊的拆迁过程。为此，父子间颇有不和。这个时候，福克斯的母亲如同大多数母亲那样，永远都是孩子的支持者，所以她便为儿子向丈夫求情。

最后，福克斯的父亲答应将亭子的拆迁推迟到第二年假期。于是，小福克斯心满意足地离家返校了。

福克斯的父亲想，儿子在学校里忙于学习，肯定会慢慢忘记此事。所以，儿子一走，他就命人把亭子拆了，并另盖了一座新的。可没想到福克斯却一直惦记着这件事。假期又到了，刚一回家，福克斯就朝旧亭子走去。回来后，他闷闷不乐地对父亲说："你说话不算数！"

老福克斯听后大为震惊，心想自己纵有万贯家产也不能抵消食言给

· 43 ·

孩子心灵带来的污点，所以他严肃地对儿子说："儿子，你说得对，我错了，我马上改。诚信比财富更重要。"说罢，这位英国绅士随即让人在原地盖起了一座亭子，再当着孩子的面把它拆除……

这是父亲给福克斯上的最为生动的一课，在少年福克斯心中留下了不可磨灭的印象。而在以后的日子里，老福克斯再也没有对儿子失过信。而后来，成为英国政治家的福克斯更是以其诚信著称。

在孩子的心中，对诚信这两个字的概念还很模糊，孩子是否能做到诚信，除了要靠自身的努力，在很大程度上还取决于家长的行为。因为孩子总是在摹仿父母的行为，这对性格的影响是潜移默化的，是在漫长的时间中不自觉地完成的。这就像一片片雪花，它们从空中轻轻飘下，每一片新增加的雪花在雪堆上没有引起人们感官上的什么变化，然而正是这一片片的雪花的积累，造成了雪崩。重复不断的行为也是如此，日积月累，最终就形成了难以改变的习惯，形成了人的品格，决定了人的善良或邪恶的举动。

家长应从每件小事做起，时刻用诚信的行为影响孩子，让孩子在诚信的氛围中长大，这样孩子就会自然而然地成为诚信的人。

三、心态好，才能积极乐观地与人交往

> 作为一个现代人，学会让自己开心、快乐，保持乐观、开朗的情绪十分重要。作为父母，也应该让自己的孩子成为一个快乐、乐观的人。

让孩子有一个健康的心理

健康的心理是孩子成长过程中父母关注的重要内容，也是孩子未来成功的基础。关注孩子的心理健康，为孩子的成长扫清心理障碍是所有父母义不容辞的责任。身心发展要被看成一个整体，如果一个孩子有健康的体魄，但没有健康的心理品质，也仍是一个不"健康"的人。心理健康不但能让孩子身体健康，还能让孩子对生活和学习充满热情和自信，并使孩子具有良好的人格特征，而实际上许多人格特征实质上反映了一个人的思想品德。

阿兰家曾经与邻居发生过纠纷，具体原因现在也说不清楚了。只是到现在两家关系也很紧张。

一天，正在家里玩耍的阿兰，突然发现楼梯里面有水不断地溢出。她赶紧把爸爸叫了过来，父女俩研究起了水的源头。

原来水是从楼上的邻居家流出来的。"一定是他们家人没有扭紧水龙头。"阿兰猜测。

"可能吧。"爸爸也认同阿兰的观点。

"爸爸，我们回去吧，管它流多少水呢。"阿兰还记恨着上次和楼上阿姨吵架的事情呢。

爸爸没有说话，直接敲起了楼上马阿姨家的门。可是一直没有人应声，显然家里没有人。

回到家里以后，爸爸马上就拿起了电话："喂，是小马吗，我是老张啊。是这么个事，你们家里没有人，可是不断有水从你家流出来，是不是忘了关水龙头了？"

对方接到爸爸的电话，十分感动，并马上回家处理了漏水事件。

对于爸爸的做法，阿兰很生气："爸爸，你忘了上次她怎么说我们了吗？干吗要管他们家的事？"

"孩子，上次的事情我们也有错误，再说楼上楼下住着，互相照应也是应该的。"

阿兰不再说话，爸爸接着说："孩子，我们不能因为一次纠纷，就记恨别人一辈子。心胸狭隘对自己对别人都没有好处。"

"知道了，爸爸。"一个父亲用自己的行动，向女儿诠释了豁达的定义。我们一定要相信这样一句话：父母的一言一行，就是孩子的指路明灯，就是孩子最好的楷模。因此，要想孩子有豁达的心胸，父母就一定不能做狭隘的人。

联合国专家预言"从现在到 21 世纪中叶，没有任何一种灾难能像心理危机那样带给人们持续而深刻的痛苦"。由此可见心理健康是多么的重要。父母应从小培养孩子具有健康的心理，增强其对心理疾病的"免疫力"。

如何才能让孩子拥有健康的心理呢？

首先，父母应该从自身的思想意识入手，要重视孩子的心理健康问题，从一点一滴做起。在我们的日常生活中，又有多少父母这么细心地关照过孩子的心理感受呢？有些事情虽然那么微小，但却会给孩子留下深刻烙印，对孩子的健康成长产生深远的影响。

其次，要营造良好的家庭氛围。家庭要融洽和睦，团结友爱，这对陶冶孩子的心情和情感十分重要。父母要有一定的追求，生活积极乐观，对人宽容，言传身教，给孩子树立学习的榜样。孩子在这种环境中会心情愉快，活泼开朗。父母还应注意教育方法，坚持说理，善于引导，给孩子更多的鼓励。对孩子爱而不娇，严格而民主，自由而不放纵。

最后，要重视孩子生活的独立性和活泼开朗性格的培养。培养孩子生活的独立性，不仅直接影响孩子的健康，还有利于孩子劳动习惯和文明行为的形成，也是知识技能学习的基础。因此，父母要该放手时就放手，培养孩子独立的生活能力。

拥有轻松、愉快、乐观的情绪，不仅可以使孩子的记忆力增强、学习兴趣提高，而且也能使孩子的思维活跃，尤其是在孩子学习知识的最佳时期，假如孩子长期处于良好的情绪当中，不但能够精力充沛地去学习，取得良好的成绩，他的智力也能够得到高度的发展。而心理不健康的人所具有的焦虑、抑郁的情绪，会导致人的认知错乱、反应迟钝、思维呆滞、记忆力下降。这不但影响孩子智力的正常发展，而且长期下去，还会阻碍智力的发展。所以消除不良情绪，保持健康的心理状态是强化智力活动、促进智力发展的重要保证。

自信而不自傲

自信是人生不竭的动力，它能帮助人们战胜自卑和恐惧，我们相信自己能成为什么样的人，并且去做了，就必然会成为我们所希望的那个人。做事成功与否需要一定的客观条件，但起决定作用的却是我们的主观态度。有些时候，解决不了问题，并不是问题本身有多难，而是我们缺乏自信，把问题想的太复杂，人为地增加了问题的难度。如果放下思想包袱，勇于挑战，再难的难题也会攻克。凡事只要有信心，就一定会排除万难，抵达成功的彼岸。

你也许听过这样一个故事：

为了参加奥林匹克数学竞赛，某中学的数学教师每天给他的一个学生出两道数学题，作为课外作业给他回家后去做，第二天早晨再交

三　心态好，才能积极乐观地与人交往

上来。

有一天，这个学生回家后，才发现教师今天给了他三道题，而且最后一道似乎有些难度。他想：从前每天两道题，他都很顺利地完成了，从未出现过任何差错，早该增加点儿分量了。于是，他志在必得，满怀信心地沉入到解题的思路中……天亮时分，他终于把这道题给解决了。但他还是感到一些内疚和自责，认为辜负了老师的期望——一道题竟然做了一夜。

谁知，当他把这三道已解的题一并交给老师时，老师惊呆了——原来，最后那道竟是一道在数学界流传百年而无人能解的难题。老师把它抄在纸上，也只是出于好奇心。结果，不经意竟把它与另外两道普通题混在一起，交给了这个学生。这个学生却在不明实情的情况下，意外地把它给攻克了。

如果告诉他那是一道什么样的题，他还能解得出来吗？他成功不是因为他超人的数学水平，而是由于他认为那是老师给他留的题，他一定能做的。可见自信的人能更好地发挥自己的潜能，令情绪处于饱满状态，使言行举止富有感染力，其思维也会处于活跃状态。每个人身上都有些东西是可以自信的，看到自己的长处而不骄，看到自己的短处而不气馁。

生活中许多事情都是这样的，有很多时候自信也不能够立竿见影。但是，只要你一直相信自己就会发挥出巨大的潜能，就一定能够成功。下面的事例就告诉我们这个道理。

一天，有几个白人小孩正在公园里玩。这时，一位卖氢气球的老人推着货车进了公园。白人小孩一窝蜂地跑了过去，每人买了一个，兴高采烈地追逐着放飞在天空中的色彩艳丽的氢气球。

在公园的一个角落蹲着一个黑人小孩，他羡慕地看着白人小孩在嬉戏，不敢过去和他们一起玩，因为他很自卑。白人小孩的身影消失后，

· 49 ·

他才怯生生地走到老人的货车旁，用略带恳求的语气问道：

"您可以卖一个气球给我吗？"

老人用慈祥的目光打量了他一下，温和地说：

"当然可以，你要一个什么颜色的？"

小孩鼓起勇气回答：

"我要一个黑色的。"

脸上写满沧桑的老人惊诧地看了看黑人小孩，旋即给了他一个黑色的氢气球。黑人小孩开心地拿过气球，小手一松，黑色气球在微风中冉冉升起，在蓝天白云的映衬下形成了一道别样的风景。

老人一边眯着眼睛看气球上升，一边用手轻轻地拍了拍黑人小孩的后脑勺，说：

"记住，气球能不能飞起，不是因为它的颜色、形状，而是气球内有没有充满氢气。一个人的成败不是因为种族、出身，关键是你的心中有没有自信。"

后来，这个黑人小孩终于成为一位举世闻名的人物。在一次讲座中他讲诉了这个故事，并且告诉人们说："我之所以能够成功就是因为卖气球老人的话，他让我有了自己的氢气——自信。"

人们往往害怕自己的言行与众相悖，往往没有勇气面对众人的误解，情愿抛弃自信心而与外界妥协。所以我们要相信自己内心深处所确认的东西，把自己质朴的心灵公诸于众，我行我素，只要我们在心里撒一颗自信的种子，就一定能长成参天大树。但是，过分的自信就是自傲，它将让人们一事无成。

在某一所学校，老师突然袭击说要进行一次考试。试卷一发下来，有一个参加考试的学生自负聪明，他看到试卷上头一行"请先认真看完所有题目之后，再开始作答"时微微一笑，心里想："故弄玄虚，凭我的水平能有什么难题难住我？直接答多节省时间。"他大致浏览了一下试卷，有一百道是非题，以自己的实力，大约 30 分钟可以做完。他满怀自信地提笔开始作答。

过了两分钟，有人满面笑容地交卷，这个聪明的学生心中暗笑："又是交白卷的家伙。"再过五分钟，又有七八个人交卷，同样是笑容满面，看来不像是交白卷的模样。这个聪明学生看看自己只答到二十几题，连忙加快速度，埋头作答。

待他答到第 76 题时，赫然发现题目写着"本次考卷不需作答，只要签上姓名交卷便得满分，多答一题多扣一分。"他满脸狐疑地举手欲向监考老师发问，只见同时也有数名考生迷惑地四处张望。

聪明的学生看着试卷第一行的说明："请先看完所有题目之后，再开始作答。"他不禁痛恨自己答题的盲目。

其实这位学生真正的错误根源不在于盲目，而在他过于狂傲，自以为是才导致盲目。家长要告诫孩子，自视过高，忽略了别人的规劝，往往会给自己带来挫折。只有戒骄戒躁，谨慎行事，才会取得成绩。不听从规劝而盲目努力会让成功和你背道而驰。这样的事情随处可见，魔术大师麦克的故事是自傲的又一惨痛教训。

麦克出生于意大利，青年时来到美国学习魔术，成为世界知名的艺人。后来他决定退休，返回家乡定居。他带着所有财产，买了返回意大利的船票，然后用所有剩余的金钱买了一颗钻石，他把钻石藏在舱房里。

登船后，他向一位男孩表演如何能同时抛耍几个苹果。不久，一群同船的人聚拢过来，此刻的成就使他非常得意，便跑回舱房拿出他的钻石，向观众解释说这是他毕生的积蓄，然后开始抛耍那颗钻石。

他的表演愈来愈精彩，也愈来愈刺激。后来他把钻石丢得极高，观众皆屏息以待。众人知道钻石的价值，便劝他要小心。但由于当时的刺激，他再次把钻石丢得更高。观众再次屏息，然后在他接住钻石时松一口气。

麦克对自己和自己的能力充满信心，告诉观众他将再丢一次，这次他将把钻石抛到一个新的高度，甚至它将暂时从众人眼前消失。围观者请求他不要那样做，但他凭着多年经验产生的自信，把钻石高高抛向空中。真的消失了一会儿，然后钻石又在阳光照耀下发出了闪烁的光芒。

麦克得意的吹了声口哨。突然间，船倾斜了一下，他脚下一滑，钻石掉入海中，消失得无影无踪。

魔术师由于太相信自己的能力，以及过去成功的经验，不顾别人的劝说，沉迷在惊险刺激的游戏中，乐不知返，却不知危险随时有可能降临，终而落了个可悲可叹的结果。人生如同游戏，随时都会有脚下一滑的无奈，然而人生不是游戏，错失了就不能重来。凡事不可盲目乐观，一意孤行。

一个正常的人都会因自信心的作用而形成一定的自我肯定的思想，但过分肯定自己就会表现出自傲情绪来，形成人格障碍。所以我们要从谦虚中获得进步的力量，正确对待自己取得的每一个成绩，不断提高自己的奋斗目标，总以"不足待己"的态度，才能宽而容人。我们要知道，怀疑只能使我们停顿不前，虚度了时间，消耗了精力。惟有坚强自信，朝着目标，一步一步前进的人，才会达到目的。

人的一生不可能只是坦途与鲜花，有时也会有坷坎与荆棘。自信是每个人走向成功的重要因素。只要有自信做伴，就没有战胜不了的困难，获得成功也就顺理成章。因此，父母应帮助孩子从小培养自信的习惯，这能让孩子受用一生。但同时需要加强孩子的思想教育，使孩子懂得山外有山、天外有天的生活哲理，不要固步自封、自傲自大。千万要记住过犹不及。一旦养成自傲的习惯，孩子将来的失败会更惨痛。

良好的心态，让孩子健康一生

2005年3月14日，对于家住北京的高妈妈来说，是个噩梦。这一天，他的儿子——从美国留学归来的儿子，当着她的面自杀了。

原来儿子是公派的留学生，原以为留学归来，会有很好的工作机会和收入。可是他一连找了好几份工作，都不满意。而且如今像他一样的"海归"，似乎并不如预期一样吃香。他很失望，绝食了好几天。

高妈妈急坏了，请来了儿子昔日的同学、朋友劝导他，可是收效甚微。3月14日下午，儿子在院子里走来走去，又把自己关在屋子里写了半天。任凭妈妈怎么敲门也不开。

高妈妈就这一个儿子，她真怕儿子想不开做了傻事。于是马不停蹄地赶到了派出所求援，希望民警能帮助把房门打开。

谁知，就在两个民警陪着高妈妈，刚刚走到小区的时候，悲剧发生了——高妈妈惟一的儿子——那位26岁的海归博士，从自己家11楼的阳台上跳了下去……

高妈妈亲眼目睹了儿子自杀的全过程，这是多么惨痛的人间悲剧！任何一位母亲也受不了这种巨大的打击。儿子死后，高妈妈也住进了医院。

无独有偶，2007年4月18日，山东一个曾在区里竞赛中获得总成绩第一名的14岁女中学生，因为没有考上重点高中，而吞服了安眠药结束了自己的生命。

2007年5月，安徽五名小学女生集体自杀，其中两名溺水而亡，原因是经常被同班的男生欺负、侮辱，无处可诉。

近年来，此类青少年自杀案例报道常常见诸报端，也许很多人对此类的报道已不感新鲜，但想想这些事情的背后又有多少位父母伤心欲绝，怎能不让人扼腕叹息！

不难看出，引起这些花季般的少年自杀的原因都极为简单。难道仅因个人的一点小事或生活的不顺，就足以让这些脆弱的灵魂，轻易放弃生命吗？叹息之余，我们不禁要问：今天的孩子争强好胜、个性十足，却为什么脆弱得不堪一击，如同易碎的蛋壳？

心理学家认为，没有良好的对待挫折的心理，才导致了那么多不应该发生的悲剧。不要单纯责怪这些孩子的心理脆弱。孩子的脆弱，其实都是家长一手造成的。

所以家长要用达观的心态感染孩子，让孩子在面对挫折的时候，也会以一个乐观的心态去面对。

当父母看到孩子显示出自己才能的时候，或表现出对某方面很有兴趣的时候，家长要以积极的心态去鼓励孩子，孩子也会努力去实现他们的梦想。

有一个长得丑陋的女孩，因同学开玩笑说选她当班长，她就回家对爸爸说，她想竞选班干部。爸爸说你去努力吧，想想怎么获得同学们的支持，你会成功的。经过半年的努力，她在同学中树立了威信，当选了班长。她想参加芭蕾舞比赛。爸爸说："孩子，去尽力做你喜欢做的事。"女孩经过刻苦努力，终于获得了参加芭蕾舞比赛的资格。

家长并不需要教孩子如何去做事情，他只需要给孩子积极的心态，使他不断进取，心想事成。家长的这种信念对孩子来说是至关重要的。

英国天才球星欧文的成功，就深受父亲积极态度的影响。

1990年意大利世界杯赛期间，10岁的欧文和父亲及两个哥哥一起观看球赛。一家人兴高采烈，欧文睡觉的时间虽然到了，但父母并未阻止小欧文看球，因为他们知道不让他看完全场，觉也睡不安宁。但他们怎么也想不到八年后爱子能够代表英格兰出战世界杯赛。虽然球队在八强止步，但小将欧文却脱颖而出，被全世界公认为最有潜质的新世纪球星。

在成名以后，欧文接受英国一家杂志记者专访，细谈了他的成长过程。

记者：你很早便开始踢球，爸爸又是职业球员，你如今的成功是否有赖于此？

欧文：我六七岁便踢球并参加比赛，爸爸也常常教我。在我的足球生涯中，爸爸对我影响最大。小时候，爸爸常带我们三兄弟踢球，但他从不说该怎样踢，我们只是娱乐。我一上场总想赢哥哥他们，始终渴望射门，因而总比他们勤奋。

欧文在潜能未被证实之前，父亲给了他宽松的环境。父亲不是板着脸教孩子如何踢球，而是在轻松的娱乐中，使孩子更热爱足球，并且无形中也让孩子学到了踢球的方法。

很多父母恨铁不成钢，对孩子期望值过高，动不动就指责、批评孩子。欧文的父亲，用积极达观的态度，使孩子的潜能得到更大的表现。

家长们在开发孩子的自我表现潜能时，未必需要很多专业知识，但要多给他们一些积极的、乐观向上的精神熏陶，帮助孩子们体验生活的美好事物。愉快乐观的态度比滔滔不绝的说教更有效。

一位心理学教授曾专门研究了情绪对学习成绩的影响究竟有多大，她进行了大量的实验，对比不同情绪的学生在同一功课上的表现。结果表明：学习情绪高涨、轻松、愉快的学生，比之情绪低落、忧郁、烦闷的学生成绩要高出20%左右。

这位教授解释说，学生在心情轻松的情况下，大脑处于积极的接收和运转状态，可以吸收较多的信息，而且脑筋转得快，联想丰富。在情绪低落的时候，学生常常心扉紧闭，反应呆板僵化，无法主动思考问题。因此，若想让孩子发挥出最佳的学习效果，父母一定要设法使孩子保持一种良好的心境。尤其在孩子学习时和学习前，更要保持良好的情绪。如果必须要对孩子批评时，也最好选择一个避开孩子学习的时间，并尽量做到摆事实、讲道理，让孩子心悦诚服。

另一位哈佛大学心理学教授霍尔德·加德纳近年来用新方法检测发现：人的大脑存在着多种互不相关的智力领域，不能只用一种尺度来衡量聪明与否。每个人的智慧发展并不平衡，往往是几个侧面较为突出。

这一发现给了人们一个重要的启示：每人都存在智力潜能，孩子们的智力发展各有千秋。家长们有责任积极创造条件，开发孩子的智慧领域，激励孩子多方面的兴趣。北京师范大学心理系教授刘翔平指出：每个孩子的学习能力是各不相同的，有些孩子擅长语言学习，有些孩子长于空间图形的学习，而有的人则对运动的学习情有独钟。

当发现孩子的"聪明"与其功课之"差"产生巨大反差时。大多数老师和家长会怪罪孩子贪玩、不努力、犯懒、没出息……其实，这只是一个学习能力发展不平衡的问题。

和批评、责备相比，赞美是一种聪明、巧妙的肯定别人的方式。通过恰当的赞美之词，可以给人以无比信任的满足感，他会感到自己有价值，因此特别快乐。在这种积极的心理状态下，人们就有可能把事情做得更好。大人们尚且如此，孩子们就更不用说了，小时候在某些方面受到的赞美，往往能影响孩子一年、十年甚至一生。所以，家长们不要吝惜赞美，因为你的赞美会让孩子感到快乐，并进而对这个世界更加充满信心。

要使孩子有良好的心态，或者说是积极的人生观，家长首先要有积极的心态。作为父母无论什么时候都不要把心理压力加在孩子身上。培养孩子良好的心态、健康的人格，家长的作用不可或缺。

三 心态好，才能积极乐观地与人交往

热心的孩子人人爱

由于现在的孩子大多是独生子女，他们备受家人的宠爱，渐渐地养成了自我中心的习惯，对人非常冷漠。然而，这样的孩子到社会上是很难立足的，他们无法和别人进行良好的合作。因此，父母们必须试着融化孩子的冷漠，让孩子变得热心起来。

那么怎样才能改变孩子待人冷漠的心态呢？下面请看一位家长的成功经验：

我儿子叫宋雨，今年12岁，是家里的独苗、心肝宝贝，今年还被评选为三好学生、十佳少先队员，我们做父母的心里都很高兴。家长会上，老师表扬宋雨说："宋雨学习成绩优异，开朗又活泼，不怕吃苦，更难得的是热心助人，总是主动帮助同学，从不藏私，在班里十分有号召力。"当时，好多家长都问我，怎么把孩子教育得这么出色懂事？还有一位家长跟我诉苦，说他的儿子虽然学习成绩很好，但却待人冷漠，不善于合作，这将来到社会上怎么吃得开呀！其实，他们不知道，我们宋雨以前也是这个样子，但是从他9岁起，我和他妈妈就决心帮他改变这种冷漠心态。怎么做呢？我们试了很多方法，带他去希望工程捐款，给他讲乐于助人的道理、故事……可效果都很差。后来，他妈妈偶然听了一个教育讲座，才懂得小孩子总是喜欢被奖赏的。我们就按照专家说的，每当他做了一点儿好事，哪怕是对周围的人有一点儿热心的表示，我们就立刻抓住机会表扬他、奖励他。我们看得出他表面上虽然有点儿尴尬，但内心却很得意。渐渐地，他做的好事越来越多了：他扶奶奶去医院，给我送伞，帮助同学学习……要不人家说没有教不好的孩子呢！只要家长用对了方法，再任性的孩子也会变成好孩子！

热心作为一种美德，对一个人的成长发展具有不可忽视的积极影响，一个对人冷漠的人，其实是一个在道德上有缺陷的人，这样的人即使再有才华、再有能力，最终也很难有所作为。因此，我们必须重视从小培养孩子"热心"的品性。

孩子往往缺少判断是非的能力，而家长的反应就成了孩子判断对错的标准，因此赏善就成了教育孩子最简单有效的方法。奖赏孩子热心的行为，孩子做的事得到了肯定和表扬，那么他还会继续这么做。因此，就算你的孩子只是帮了别人一点小忙，或者替别人着想时，你也要告诉他你赞成他的这一举动，希望他这样做，并鼓励他多为别人做善事。让他知道你希望从他的举动中看到善意，表现得友好些。如果孩子对他人不友好，就要让他认识到这样不好，不是好孩子应该做出的举动，并表示你对此的遗憾，相信他下次会做得好一些，而不是简单地去责骂他。

当然，掌握了这种奇妙的教育方法后，父母们还必须为孩子创造能赞赏他善行的机会。

(1) 让孩子设身处地为别人着想

孩子待人冷漠，往往是因为对别人的立场缺少了解，因此，我们可以利用同理心，让孩子设身处地想他人之所想，急他人之所急，乐他人之所乐。例如，可以开展"假如我是……"的角色换位活动，使孩子理解、体验假想角色的内心感受，改变原来的冷漠态度。一位下岗职工的孩子正是通过"假如我是下岗的妈妈……"的角色换位活动，体验到妈妈的烦恼，认识到妈妈的不容易，从此改变了原来的做法，与妈妈的心贴得更近了。

(2) 让孩子多参加一些慈善活动

书画家为拯救灾民的义卖书画活动；社会各界为"希望工程"的捐助活动；为美化校园，每人献上一盆花的活动等。老师、父母应创造条件、提供机会，让孩子去感受这些活动。

(3) 让孩子感受热心带来的快乐

孩子们受到了别人的友善相待会感到非常快乐，这清楚地告诉他热心是一件多么令人愉快的事，不过，更为重要的是，通过这样一个机会，让孩子懂得只要与人为善自己也会获得快乐。因此，不妨给孩子创造一些表达热心的机会，例如善待小动物等，他能从中感觉到感激、忠心，并真正懂得热心的好处。

(4) 让孩子在热心友爱的环境中成长

首先，父母应以友好和爱的方式来教育、帮助孩子，努力使热心、友好的气氛充满整个家庭。另外，友好相待所有认识的人：亲戚、朋友、同事、邻居，以及一切可给予帮助的陌生人。孩子们在这种环境熏陶下，善良、友好对他来说就显得非常熟悉、自然。

孩子战胜冷漠心态的关键是家长，只要家长能对孩子的热心行为明确地表示出喜欢，并通过一次次的奖赏让孩子再接再厉，那家长就一定能得到一个具备善良品质、热心的好孩子。

学会控制自己的情绪

山东某重点中学，一位女生学习成绩向来不错，多次模拟考成绩均在600分以上，满怀上名牌大学的希望，没想到今年高考砸锅了，只考了400多分。不但"名校梦"未圆，其他二类学校也没门，这一打击对她来说非常沉重，高考后行为表现反常，沮丧、偏激，变得不近人情，常常一个人呆着不说话。

一天，她趁人不备，出了家门。开始父母还以为她出去玩了，可是到了晚上还不见人，觉得事情不妙。随后他们在小英的包里发现了一封遗书，上面写着她没考上大学对不起家人，不想活了之类的话。他们立即分头寻找，但最终寻找了一天一夜后也没有找到人。

一天下午，他们突然接到了即墨市医院的电话，才知道女儿在即墨出事了。

原来，她留下了一封遗书后来到火车站附近，一口气喝下半瓶农药。多亏被人发现，及时送往医院救治。经过医生一个多小时的抢救，她才脱离了生命危险。

一个有惊无险的故事，这个女孩子是被救活了，可是每年因为考试成绩不理想或者高考落榜，而出走或者自杀的孩子，不在少数。面对这些不拿生命当回事的孩子，作为父母，该如何对孩子进行教育呢？

多数孩子在面对挫折和失败的时候，选择以极端方式来面对，在很大程度上，是因为平时父母给他们施加的压力过大造成的。父母们对他们寄予厚望，一旦他们不能实现目标，就会感到自己没有能力，会感到无颜面对父母。在这种强大的压力面前，选择逃避几乎是他们惟一的出路了。

所以，从很大程度上，孩子不能面对失败，是我们当父母的给他们施加了过多的压力造成的。当然我们也不能忽视另外一个重要的原因，那就是今天的很多孩子都是在顺境中长大的，他们没有机会体验失败，自然也无法承受失败了。

对于正在读书的孩子来说，他们可能经历的最大失败莫过于高考落榜了。孩子在得知自己落榜后，会承受巨大的心理压力、失去自信，家长应该给予孩子感情上的支持，不要在孩子面前表露出消极情绪。一个明智的父母，面临孩子的失败不应该表现得过于在意，应该像面对孩子成功一样坦然。父母的坦然，会让孩子受伤的心，感受到温暖和慰藉，能更大程度地缓解挫败感。

如果孩子落榜了，父母首先应该调整好自己的心态，要勇敢面对孩子失败的事实。很多时候，当孩子高考失利时，家长表现得往往比孩子更加激动，更加不理智。很多家长会因为难以控制自己的失望情绪，对孩子大喊大叫，横加指责。这种做法是十分危险的。

回想起高考失利后的那段日子，杨浦区某中学高三毕业生于敏，感触最深的就是那个夏夜，父亲在阳台上和她说的话："你小的时候，我们总在想，要把你培养成科学家、文学家……其实，不管是什么家，只要你好好学习、工作，爸爸妈妈就满足了。"那一刻的于敏好感动，她下决心再不能让父母为自己操心，坦然面对失败的事实。心理压力缓解了，她也不再觉得受挫和自卑了。

任何困难都只是人生中的一道小坎儿，努力地迈过去，也许会是另一种命运的起点。

1997年7月，王博听到了落榜的消息。尽管父亲对这一消息感到失望，但还是心平气和地和孩子一起探讨了以后的出路。父亲希望他复读，明年再考，但他却选择了一所计算机学校。面对儿子的选择，父亲做出了让步。9月，父亲亲自把王博送到了长沙一所计算机学校。

在这里，17岁的王博第一次接触了电脑，虽然仅是dos界面，虽然对电脑一窍不通，但他却不由自主地喜欢上了这个笼罩着神秘气息的家伙。在那一刻，王博暗暗立下了一个目标：三年内，不仅要征服电脑，还要成为这个行业最顶级的专家！

在接下来的日子里，王博把所有的精力都放在了学习上，他的电脑水平飞速提高。后来，他参加了微软公司的系统工程师认证培训，结业后成了一名优秀的网络工程师。此后，他又先后拿到了近十个不同的工程师认证。

凭着这些金字招牌，再加上丰富的电脑知识和实操经验，王博成了各大公司的"抢手货"。最后王博选择了一家新加坡的电脑公司，公司开出了税后9000元的高薪。公司总经理直言不讳地说，他看中的是王博的学习能力以及拼搏精神，这种精神远比名牌大学的学历更重要。

高考落榜不等于人生失败，教会孩子面对失败，是孩子人生中最重要的课题，家长一定要担负起这一职责。

面对高考，人们常说的一句话就是："一颗红心，两手准备。"当孩子不得不面对失败的结果时，父母首先要调整好自己的心态，再帮助孩子坦然地面对失败，树立起坚强的自信。父母不但要坦然面对孩子的失败，还要帮助孩子接受现实。只有让孩子勇敢地面对现实，他们才能勇于分析失利的原因，总结经验教训。

成功固然是每个人的理想，但是失败往往会在成功到来之前来考验我们，面对失败的机会可能会比面对成功的机会多得多，怎样重整旗鼓争取胜利，可能是我们在以后的人生中遇到最多的问题。

一个人在成长的过程中，可能更多的是会遇到一次又一次的失败。如果我们总结失败和成功的次数，可能失败的次数要远远多于成功。

泰戈尔有句名言："当你把所有错误都关在了门外，真理也就被拒绝了。"这句话意味深长且发人深思，向人揭示出了失败挫折也有不菲的价值。泰国企业家施利华曾讲过："人倒霉不一定是坏事，就看你怎么去看待它，你一旦把腰弯下去，就可能会趴下，直起腰杆才有希望。不管在哪个国家，人们瞧不起的不是失败者，而是失败以后自甘堕落的人。"

从某种意义上来讲，一个人面对失败的能力，也就决定了这个人是否能成功。每一位父母在教育子女时，千万别忘记了对他们实现挫折教育——如何面对失败。

人生旅途，难免会碰到一些挫折与失败，这些坎坷的经历，对孩子而言很有必要。它能够培养孩子面对挫折的正确态度，特别是目前的孩子，物质享受丰富，忍受挫折的能力却非常差，经不起一点儿失败。因此，不妨多给孩子一些机会，多鼓励他们勤奋学习，培养他们坚强的毅力，还要鼓励他们从挫折中汲取教训、总结经验，稳步地走上自己的成功大道。

培养孩子的乐观精神

1958年和1962年巴西蝉联世界足球赛冠军时，加查林以自己优异的表现引起了人们的广泛注意。更让人惊讶的是，这位世界足球冠军竟是一个小时候患小儿麻痹卧床不起的病人。他之所以能够重新站起来，走进足球场踢球，完全是他父母不丧失信心、坚定乐观、爱心哺育的结果。

加查林出生在巴西里约热内卢的一个小镇上，小时候家里很穷，不幸的是在他六岁时又患上了小儿麻痹症，被疾病折磨得卧床不起。父母伤心极了，小加查林更是急得要命，不住地问父亲："爸爸，我还能站起来吗？我什么时候能站起来？"听到儿子的问话，父母的心都要碎了，尽管他们异口同声地回答"能"，可是心里却没有任何把握。他们知道，在这种情况下小加查林需要的是乐观和信心，否则可能会使病情更恶化。

父母带着加查林四处求医，走遍了附近大大小小的医院，但没有任何人说能够治愈这种病。无奈之下，他们变卖了家产，来到了里约热内卢，去找医术最高明的医生。医生在为加查林进行了六次手术后，奇迹发生了，加查林站了起来。他拖着虚弱的身躯迈出了一步、两步……看着加查林蹒跚起步，全家人都有说不出的高兴。

加查林问母亲："我还能踢球吗？"母亲坚定地说："能！战场上有瘸腿将军，足球场上就会有瘸腿运动员，以后让你爸爸带你踢球。"母亲的话给了孩子巨大的鼓舞，激励他为重新走上运动场努力与疾病做斗争。父亲也深知儿子的心思，从此父子二人密切合作，开始了新的足球生活。

踢足球是又苦又累的运动，不仅需要技巧，还要有健壮的身体和顽强的拼搏精神，就是对正常人来说也不容易，对做了手术、刚刚会走动的加查林来说就更加困难了。父母看到儿子摸着受伤的脚犯愁时，总是乐观地给予热情的鼓励和安慰，告诉孩子不要怕苦，不要退却，要坚持锻炼。父母的乐观和鼓励给了加查林勇气、信心和力量，在父亲的陪伴下，他坚定了踢球的志向，克服了常人难以想象的困难，最终以高超的球艺赢得了人们的称赞。

19岁那年，加查林被批准加入了里约热内卢的波达弗戈足球俱乐部，这是他人生中的一个转折点。他更加严格要求自己，刻苦练习，22岁时终于成为巴西足球的主将。在赛场上飞快地奔跑、巧妙地迂回的加查林引起了观众的注意，人们称他是一把不可多得的尖刀。加查林的奇迹来源于他的大勇大智，而他的这种大勇大智则是父母用爱心和积极乐观的精神铸造出来的。

从小儿麻痹卧床不起到世界足球冠军，加查林的成功靠的就是父母和他本人的自信、乐观，靠的是父母教给他的面对困难、失败和挫折的大无畏精神，靠的是父母给予他的毫无保留的爱。正是这些支撑他渡过了难关，取得了成功。任何人的一生都不可能一帆风顺，人人都会遇到烦恼，重要的是尽可能地减少不必要的烦恼，尽快地走出烦恼，做一个快乐、乐观的人。只有那些拥有积极心态、乐观向上的人才会在逆境中看到希望，在痛苦中看到幸福，无论在任何环境中都能保持一颗快乐的心。

一般说来，教育孩子学会乐观地面对人生，除了多与孩子交流、培养孩子的自信心之外，父母还要相信自己的孩子，给予鼓励和支持，帮助孩子克服一些自己克服不了的困难。只有这样，才能教会孩子以正确的态度和措施保持乐观。父母在努力营造乐观氛围时，还应注意一些消极心理现象对孩子的负面影响。父母的言谈举止对于孩子的成长产生着很大的影响，父母积极心理现象可以促使孩子乐观积极、奋发向上，反之也会让孩子变得消沉、忧郁、萎缩。引导、教育孩子以乐观、积极的态度去面对一切，不仅需要各种活生生的事例让孩子心悦诚服，也需要父母自身能够以平静的心态对待一切，"不以物喜，不以己悲"，尽量消除掉各种消极心理的负面影响。

具体来说，父母可以从以下几个方面培养孩子的乐观精神。

第一，唤醒愉快的记忆，养成快乐的习惯：父母应该多帮助孩子回忆一些快乐的时光，冲淡眼前的不快，恢复平时乐观的心情；

第二，随时保持思想的愉快，永远以微笑面对生活：让孩子多想想个人奋斗的目标，多树立一些远大的理想和追求，在比较中孩子就会觉得眼前的困难和挫折算不得什么，力争永远乐观；

第三，尽量忘掉不愉快的事情，轻视烦恼：教育子女尽量正确对待所遇到的挫折、所受到的不公正待遇和委屈，在任何时候都能够笑对人生；

第四，以宽容的心情对待每一个人，对待任何事：教育孩子珍惜友情，对别人要少苛求，对他们的错误、失败要多加宽容，对他们的行为要寻求尽可能的最佳解释，这样自然会减少许多麻烦，保持心情舒畅；

第五，父母还要让孩子学会倾吐和交流，学会坦诚地接纳自己，坦然地面对现实。

快乐地生活、乐观地面对人生，是我们挂在嘴边的一个话题。对于父母来说，使孩子保持乐观的心态是很重要的。父母在培养、教育孩子时应该以身作则，或者用其他方法来教育、引导孩子拥有一颗快乐、乐观的心，让孩子成为一个开朗的人。父母的情绪很容易影响到孩子，父母烦恼时孩子也快乐不起来。因此，在与孩子相处时，父母应尽可能让自己快乐起来、乐观一点儿，为孩子做好表率。

保有一颗平常心

"平常心"这个词，我们知道很久了。可是，真正又有几个人懂得平常心的真正含义呢？又有多少人能够真正做到荣辱不惊呢？我们常常把心思放在别人的评价上，放在别人的言行上，又如何能言行自在、悲喜从容呢？

所谓平常之心，就是不能只要成功，而拒绝失败、害怕失败。平常之心就是要把成功、失败看得平平常常。简单地讲，就是要正确对待成功与失败。成功了，不要骄傲，不要狂妄自大；失败了，也应该平静地接受。

失败也是生活的必须内容，没有失败的生活是不可能的。有失败，才说明生活是有奋斗的，人生才是有意义的。接受失败应该成为人们生活中一项必不可少的内容。如果不接受生活中的失败，那么，就歪曲了生活的本来面目，个人将会受到生活的"惩罚"。世上没有常胜将军，每个人都得平静地接受生活所给予的各种困难、挫折和失败。

任何人的一生总会有不顺的时期，无论从事什么工作，都会有和预期相反的结果。长此以往，任何人都不免产生悲观情绪。然而，人生并不仅有这种不顺的时候。当云散日出时，前途自然光明无量。所以，凡事必须耐心地等待时机的来临，不必惊慌失措。相反，在境遇顺利的时候，无论做什么事都会成功；可是总有一天，不顺的时刻会

三 心态好，才能积极乐观地与人交往

悄然来临，因此，即使在春风得意之时也不要得意忘形，应该谨慎小心的活着。

我们应采取顺境不骄矜，逆境不颓唐的生活态度。

春秋时期，孔子率学生们出游。

一天，孔子观赏瀑布的景色，见那水流从二三十丈的高处飞泻而下，撞入江中，激起滚滚波涛，直冲出数十里之外，那地方，鱼虾龟鳖都无法生存。

忽然，只见一个男子跳进急流之中，孔子以为那是自寻短见的，便急忙让学生顺着河流去搭救他。不料，这人游出数百步之外，便从水中走出，在河边悠然自得地唱起歌来。

孔子赶上去问他："您能在这种地方游泳，有什么秘诀吗？"那男子回答道："我没有什么秘诀。我凭着人类的本能开始我的生活，依靠人类的适应性而成长，顺其自然成功。游泳的时候，我同漩流一起潜入水底，随同涌流而浮出水面，完全顺从水性而不凭主观意志从事。这便是我能驾驭汹涌急流的原因。"

孔子又问："什么叫作凭本能开始生活，靠适应性而成长，顺其自然而成功呢？"那男子回答："我生在陆地而安于陆地，这就是本能；长于水上而安于水，这就是适应性；不知道我为什么会这样而结果这样，这就是顺其自然。"孔子点头顿悟。

这个男子能制服汹涌奔腾的急流，遨游其中，得心应手，就因为他不以主观意志从事，而是根据自然法规，尊重客观规律，按着生活的逻辑去办事。人之处事亦应顺其自然，正所谓适应世事适应万物。

守住平常心，应该承认有些东西得不到，学会放下，放下求之而不得的东西，才会轻松快乐起来。那就拿起平平凡凡的事吧，脚踏实地认认真真地做下去。其实，往往平凡的表面蕴藏着深层次的规律和道理，你会越干越高兴，越干越快乐。

父母是孩子最大的影响者，教育孩子保持一颗平常心，给孩子一个轻松的环境，是非常必要的。一颗平常之心，并不是不要进取之心、成功之心，而是以平常之心，去进取、去成功，得到更充分的发展。

守住平常心，是一种对名誉和困难的态度。学会放下美丽的光环，才能轻松前行。学会迎难而上，才能踏平坎坷上大道。顺境和逆境都是人生的财富，只有懂得珍惜和品尝的人，才会读懂"平常"二字的"不平常"真谛。

四

口才好，有理有据有效沟通

语言是人类最重要的交际工具，也是人与人之间沟通的桥梁。语言表达能力是一个复杂心理和生理活动过程，也常常是一个人气质、智慧的最直接、最现实的综合表现。现在的许多家长有意识地培养孩子琴棋书画各种专长，却忽略了日常生活中卓见成效的技能培养——培养孩子的语言表达能力。语言表达的流畅、敏捷、精确，一方面是孩子现有思维能力的反应，同时又对孩子大脑发育以及思维能力的发展具有很好的促进作用。

把握住孩子语言发育的关键期

孩子学龄之前,随着生活范围的逐步扩大,孩子好奇、好问、好模仿,样样都想尝试,对周围事物的兴趣特别高,学说话最快,是获得词汇的高潮时期。如果在这个年龄阶段,孩子口语发展遇到障碍,以后再要进行弥补就会出现困难。贻误了孩子口语发展的关键时期,即使以后再教育、再学习也是非常困难的,甚至完全不可逆转。因此,父母应当特别重视这一点,在孩子口语发展的关键期,创造有利条件,促使孩子语言能力的发展。

孩子是首先通过模仿学习口头语而逐渐掌握词汇的,因此,父母应该提供更多可供他仿效的榜样。父母平时说话时应该做到发音正确,用词恰当,语句符合语法规则,声调自然而适中,态度大方。这样对孩子的口语会有潜移默化的影响。

父母平时还应常做口语表达的示范,有意引导孩子进行模仿。由浅入深地教孩子一些简单用语。孩子不会说,父母可先说几遍给他听,再让他跟着模仿。以后逐渐教一些比较复杂的用语。并多给孩子讲故事,听得多了,词汇不断丰富,口语水平就会提高。

进幼儿园的小孩,可以教孩子朗诵一些语言简练、生动、优美的儿童文学作品,如诗歌、儿歌,使其多吸收规范化的语言。

父母为丰富儿童生活,扩大眼界,还应走出家门,引导孩子多接触大自然、社会,多进行观察,以丰富语言的内容,使其说起话来"言之有物"。在观察中,父母要用语言进行指导,如告诉事物的名称、外形特点、用途等,有意识教给一些词汇,并提一些启发题,如"那是什么?"如果孩子说对了,就予以鼓励,孩子说得不完全时,可补齐缺漏,使之完整。这样不仅可提高孩子的观察力,还可以培养表达的能力。

教语言不能全是枯燥的模仿,单纯用父母说、孩子学的单调模式不容易奏效,会遭到孩子的抵触。有一些语言,特别是较难理解或较难发音的词语,孩子一时半会儿是讲不出来的,如果硬逼着"鹦鹉学舌",只会使孩子感到紧张和痛苦,失去对学语言的兴趣。正是因为这个道理,先要发现孩子对什么最感兴趣,包括食物,如冰淇淋、糖果或饮料等。孩子按照要求做了某件事或完成了某项任务,就可以用这些东西奖励,但更多的是要用语言、用父母开心的表情、用拥抱或亲吻的动作来对孩子表示鼓励。还要注意的是,父母要根据孩子早期教育的年龄特点,安排游戏时间的长短;还要不断变换游戏内容,以此来吸引孩子的注意。

如果要教孩子学习新的词语,要学会控制孩子学习的情境,使孩子能够配合,注意力集中并感兴趣。孩子在学习时分心的情况很常见,关键是如何把握,切忌硬逼或训斥。比如,当孩子在学习中不合作或表现不好时,父母可以不予理睬,最好的办法是什么也不说,只管继续游戏;如果孩子乱扔玩具,父母可以取走孩子手中的玩具,离开房间几分钟后再继续;如果孩子仍然调皮任性,父母就收拾好全部玩具,结束游戏。这样,孩子会很快懂得自己做错了,不等玩具收拾好,就能回到父母身边再安静下来。

应当安排孩子在最佳的学习时机进行语言教学。所谓最佳的学习时机,是孩子精力最充沛、注意力较集中的时候,效果会好一些,孩子学的东西会多一些。如果在孩子疲乏困倦的时候教语言,往往会事倍功半。

最后,父母们还应该了解孩子身上一些语言障碍,并及时实施有效的纠正手段。

孩子开始学习说话时,多数会有轻微的口吃现象,或者拉长第一个音调，或一句话喜欢反复地说。这是正常的现象，做父母的不要过分紧张，迫不及待地进行纠正。这样可能令孩子对说话产生恐惧感，也会使其自信心受到打击。孩子初学话时的小毛病会自然地矫正。

语言，是人类独有的、赖以生存的信息系统。在上学之前，孩子们听觉和语言器官的发育日趋完善，已经具备正确发出全部语音的条件。因此，是人一生中掌握语言最快、最关键的时期。这个时期如果忽视了孩子的语言发展，那么以后就很难弥补。

让孩子大胆提出自己的见解

要使大脑得到开发，就要经常使用它。俗话说得好："你不用它，就会失去它。"脑子越用越灵，不用就越来越笨。集中精力多思考是锻炼大脑的最佳方法。思维敏捷的人，都是好动脑筋、勤于思考、善于提问的人。我们批评"题海战术"，是因为它把复杂的脑力劳动变成了重复的"体力劳动"，对孩子的智力发展是很有害的。

俗话说："眉头一皱，计上心来；灵机一动，难题解开。"意思是，如果一个人会思考，那么做事、学习就容易获得成功。

孩子在很小的时候，就会对很多东西产生好奇感。事实上。好奇可以引人去探究，引发人的思维。当孩子问父母一些稀奇古怪的问题时，父母不要呵斥，而要给予表扬。同时还要创造条件激发孩子的好奇心，以促进思维力的发展。

怎样才能使孩子能既轻松愉快又学到如此丰富的知识呢？大多数人都想知道这独特的教育方法。很简单，想方设法唤起孩子的兴趣并让孩子脑子中产生问号。

父母可以将孩子的好奇心引向大自然。可以带孩子到野外，到公园去观察大自然的变化。比如让孩子去池塘边观察小蝌蚪，看看它们是怎么变成欢蹦乱跳的青蛙的，看看小蝌蚪是怎样脱掉尾巴，长出小腿的……也许这种观察、这种思维，会促使孩子成为一个生物学家。父母还可以带孩子到植物园观察各种植物，让孩子去探索植物为什么要长叶，为什么要开花，也许这种好奇会促使孩子成为一个植物学家。

在孩子三四岁时，父母每天早饭前都要带孩子出去散步一段时间。这种散步当然不是简单的溜达，而是边谈边溜达。比如，父母总要抓住个别有趣的问题，讲给孩子听。孩子思维活跃，想象力丰富，往往能够顺着父母的话语，顺藤摸瓜，找到正确答案。有时，还能追溯到几千年以前，跟随斯巴达人攻打特洛伊城；坐在奥德修斯的船上，在未知的海洋上远航；又跟随亚历山大的军队远征西洋……孩子的地理与历史知识基本是在散步的谈话中掌握的。

父母也可以带孩子去山间小道上散步，这时山间的实物成为父母传授知识的教具。父母可以从草丛的野花中顺手摘下一朵野花，一边解剖这朵花，一边向孩子讲解花的生长特点和作用，并告诉他："这是花瓣，这是花蕊、花萼，还有随风飘洒的花粉，没有它，花儿最后便结不出果实……"有时抓住一只蚱蜢，与孩子头碰头地研究这只昆虫。这时会把蚱蜢的身体结构、习性、繁殖等知识尽可能地传授给他。这样，父母可以通过一块石头、一草一木等实物素材来对孩子进行最生动的教育，这比学校里那些死板僵化的动植物课程更为直观，更为有效。

好奇心是思维的前奏、成功的先导。对于孩子的提问，父母要有正确的态度。

对孩子的提问要表示赞许，并及时正确地回答他们的问题。父母对孩子的提问反应积极，可以使孩子的好奇心、求知欲得到满足，这会促使他们更爱提问题，对什么都感兴趣，这对启发思维有积极作用。可是，现实生活中，许多父母往往忽视孩子的提问，甚至嫌他们提问多事烦人而粗暴地训斥他们。高尔基曾经说过："儿童的问题，如果只回答说：'等着吧，长大了就会懂。'这等于打消了儿童的求知欲望。"

父母在回答孩子的问题时，要有启发性。要引导孩子注意事物之间的联系，鼓励孩子用自己已有的知识经验，通过思考找出答案。对一些提的问题古怪、钻了牛角尖的孩子，父母应该引导，而不要随便说"不知道"或"说了你也不懂"之类的话，只要引导得法就可以保护孩子的好奇心，又不使孩子胡思乱想。

除了对孩子提出的问题给予答案外，父母还可以采取反问的方法。在孩子向父母提出疑问时，父母不回答，而反问孩子，促使孩子自己去思维。当然反问时要适当给孩子指一点思路。用反问的方式来回答孩子，不但给父母稍加喘息的时间，也使父母由主角退居到配角的地位，让孩子开始自己思考问题，扩展他们的思考世界，使他们的头脑得到训练。

总之，对孩子的问题，要给予回答，并及时鼓励。对孩子的好奇心千万不要打击，不要怕自己不会回答而丢了面子，就责骂孩子。如果采取这种态度，不仅扼杀了孩子的好奇心，压抑了孩子的思维，而且会使父母失去威信。

有的孩子善于提出疑问并且善于思考，而且懂得如何在实践中体验；而有的孩子却不善于思考，更懒得去实践，结果造成了在一样的成长环境中长大的孩子，却产生了思维差异很大的现象。事实上，善于提问、善于思考的好习惯是要从小就开始培养的。

给孩子一个发言的机会

生活中,许多父母对孩子讲话时总是用训斥的口气,要求孩子做事情时则用命令的方式,但在孩子想说话时,父母不是粗暴地打断,就是不理不睬。这是很糟糕的情况。孩子虽小,但也有自己的想法和主张,因此父母应该改变自己的专制作风,孩子需要的是可以平等进行语言交往的伙伴。

在中国的许多家庭里,有个很奇怪的现象:一方面,父母对孩子很娇惯,对孩子的物质要求有求必应;另一方面,父母却从不把孩子当作一个有思想、有主见的人,也不考虑对孩子的做法是否恰当,孩子可能会有什么想法。因为他们是父母,就似乎一切做法都是应该的、合理的。

这样在孩子身上会产生一种什么样的后果呢?

有一个孩子叫果果,他已经是小学五年级的学生,马上就要升中学了。可是,他却不善于语言表达,在众人面前,一说话就脸红。

孩子为什么会这么忸怩呢?

原来果果的父母有一套教育、管理孩子的办法。

有客人来果果家做客,果果的父母要求孩子要有礼貌,要懂事。大人们说话时,小孩子不许乱插嘴,最好是到别的地方去玩,让大人们清静地说话。

即使是只有一家三口的时候,果果的话也时常被打断。比如,当孩子兴高采烈地说着什么时,父母却要不时地打断孩子,纠正他的发音、用词,或者批评他的某个想法等等,令孩子兴味全无。

即使是成人,当自己的发言屡遭别人打断或反驳时,也会兴致大减，缄口不言。因此，这种做法必然会影响孩子个性和能力的发展。

多数孩子逐渐变得不愿独立思考、自主行事，这很自然。既然动脑子出主意受到批评指责，又何必自讨苦吃呢？可是，父母不时地打断孩子的讲话，甚至阻止孩子讲话，不给孩子发言的机会，不把孩子当成有思想的人，也就不会用心去体会孩子的思想，去了解孩子内心的想法，而他们还会认为自己是尽到了他们管教子女的责任。

于是到后来，这样的父母往往会抱怨说：

"这孩子怎么不像别人家的小孩那么机灵？"

"这孩子怎么反应这么迟钝啊！"

"这孩子真倔，什么都自己做主，从不听大人的意见。"

"他一点儿主见也没有，到底该怎么办，他自己竟然不知道。"

这能怪谁呢？这是自食其果。

父母打断孩子的话，或阻止孩子讲话，使孩子的思想表达不出来，使孩子的意见不能发表出来，这样父母不能了解孩子，给予孩子恰当的指导，对孩子成长极为不利。一些孩子变得不善口头表达，变得没有主见、怯懦、退缩，而另外一些孩子却变得独断、盲动，听不进别人的意见。

另外还有一种情况就是，孩子在受到批评、指责时，他们的解释和辩解常常被这样的话打断："你不要辩解了，这没用"、"你还敢嘴硬"、"你又开始撒谎"。

这些话几乎在很多家庭和学校都可以听到。人们习以为常，不再奇怪。但是父母有没有想过，孩子在受到批评和责骂时，他为什么不能辩解呢？

在这种情况下，孩子一般会本能地产生委屈的感觉，进而伤心、怨恨。他会把这种委屈发泄到其他的对象上，或者去想各种好玩的事情来摆脱这种情绪。这往往就是导致孩子淘气的原因。

教育专家认为，孩子要对某件事进行辩解，而时机又不合适，明智的父母应该这样说："对不起，现在我很忙，但我一定会听你的解释，等我有时间咱们再慢慢谈，好吗？"想想吧，这对孩子来说无疑是大旱甘霖，他不但不委屈、怨恨，反而信心大增，并会想自己是不是有什么地方的确做得不妥。

从现实的方面讲，难道有哪位父母真的希望孩子长大以后遇到类似的情况而不辩解吗？不，那时他的父母一定会气愤地说："你为什么不辩解？！你是哑巴吗？"

有一个孩子内向、胆怯，他的父母很头疼。后来心理医生建议这对父母在与孩子沟通时，运用对等的手段。也就是说，把孩子当成与自己地位相等的人一样来尊重，鼓励孩子说话。这对父母半信半疑地试了一段时间后，惊喜地发现孩子的话多了起来。老师也告诉他们，孩子在学校里也比较敢于表达自己的意见了。

当父母的应真正地给予孩子平等的地位，不打断孩子的讲话，给孩子发言的机会，把孩子当成有思想的人，用心体会孩子的思想，了解孩子内心的想法，这才是真正尽到了教育子女的责任。

开明的父母应该给孩子对等的地位，鼓励孩子发言，锻炼孩子的语言表达能力，让亲子之间顺畅沟通。

孩子的这种权利受到尊重，一般会增强他的自信心和荣誉感，他反而会注意别人的权利是否也被自己尊重，从而自制能力增强。因此，父母应当把孩子当成是一个有思想的独立个体，给孩子对等的地位，尊重孩子说话的权利。教育学家认为，只有平等的、民主的家庭才能产生具有独立意识、乐观积极的孩子，而专制的家庭只能培养出唯唯诺诺的庸才。

培养孩子说话的习惯

能够在别人面前把想法表达清楚，是一种十分重要的能力。流畅的语言表达能力可以准确地把自己的想法或情感传递给别人，让别人了解、理解你。良好的口才对于孩子将来的发展非常重要，所以早一点儿着手培养孩子说话方面的习惯，绝不是可有可无的事情。

章显是个特别听父母话的孩子，可是有一点，他就是不爱多说话。平时，做完作业，他就喜欢读书或者看电视，很少同父母一起交流、谈心。章显的爸爸妈妈平时也是大忙人，不是很重视孩子这方面的表现。

2005年11月11日电视里公布了奥运福娃，章显和爸爸妈妈一起看这个节目。爸爸和妈妈在讨论五个福娃哪一个名字和形象更好一些，在一旁坐着的章显却一言不发。

妈妈觉得每一个孩子看到小福娃可爱的样子，都会情不自禁地说上几句的，爸爸也意识到儿子实在是太沉默了，家里几乎听不到他的声音，于是问道："儿子，你喜欢哪一个福娃呢？"

章显见爸爸问自己，想也没想就回答说："都差不多。"

妈妈接着说："我喜欢'北北'。你觉得怎么样呢？"

章显说："嗯，可以。"

爸爸和妈妈相视了一下，妈妈又对他说："显显，你已经是大孩子了，对任何事物都该有一个自己的喜好评价呀？每个人都是有头脑和思想的。你有什么想法，以后要跟爸爸妈妈说出来才行。"

后来从章显的老师、同学那里了解到，章显碰到说话、发言的事情就往后躲，上课回答老师问题从不举手，偶尔被老师提问到，他会满脸通红、吭吭哧哧地说不出话来。

父母不能简单地把孩子不爱说话归结为性格因素，认为是不可改变的，实际上越是早一点儿从习惯入手重视这个问题，越容易"撬开"孩子的嘴巴，让他变得爱说话。

当然，孩子爱说话还不够，还必须会说话。所谓会说话就是说出的话能清晰地表达自己的意思，说话有条理，而且能抓住重点。说话的一方要表达清楚，以便听的一方能马上理解，没有偏差，没有误会。许多孩子很能说，在家里，只要给他机会就可以不停地说下去，但大多都不着边际，有很多时候话讲完了，听的人却一头雾水，不知道孩子到底表达了什么。有很多孩子，在父母面前能说会道，但如果来了生人，便吓得不敢出声。有些孩子在私底下说得头头是道，但真正让他上了正规场合却扭扭捏捏，说话结结巴巴，这些都不利于孩子今后独立地走入社会，做父母的应该从小引导孩子会说话，有勇气有信心说话。

父母要学会倾听，满足孩子说话的欲望。一般情况下，孩子回到家里见到父母通常会把发生在自己身边有趣、稀奇的事情说给他们听。这时父母应认真倾听孩子的讲述，并要用一些神态、身体语言让孩子感觉到自己听得很投入。如果父母正忙着没时间听，要态度温和地跟孩子商量："你看，妈妈正忙着呢！等会儿我坐下来仔细听，好吗？"因为孩子在讲话前总是一腔热情，这样一说，孩子就不会感觉很失望。

父母还要学会引导、激发孩子的欲望。那些性格内向的孩子常常喜欢独自一人玩，默默地做事，父母对待这样的孩子要千方百计地引导他说话，把他说话的欲望给激发出来。问孩子一些问题，尽量避免问那些只需要孩子点头说"是"或摇头说"不是"、"有"或"没有"这一类问题。可以问他一些学校里的情况，比如"老师是怎样夸奖你的？""班里和你最要好的同学都有谁？"

父母要学会指导、帮助孩子说正确的话。孩子说话时可能会出现用词不当、前言不搭后语等现象。父母在听的过程中，要随时帮助选用正确的词汇，要求孩子有准备地搭配语言，让孩子把话讲完整，教孩子把想讲的话联系起来思考后再讲出来。长期下来，孩子语言的准确性就会不断提高。

父母要注意提高孩子的思辨能力。由于孩子的知识面较浅，接触外界的机会相对要少，辨别能力比较低，所以，他们说的话常会与客观事实不符。父母在听的过程中，应注意把握孩子的说话内容，并做出肯定，给予正确的判断。在父母与孩子共同的评析过程中，孩子思想的准确性、深刻性会变得更好。

孩子爱不爱说话，还跟环境有关。家里人多说，孩子的语言能力也强。思辨能力跟口才有着必然联系，思辨能力强，口才就好。思辨能力的培养，需要一个积累的过程，让孩子多看一些科普书，看电视新闻，了解世界、了解社会，平时多跟孩子交流、讨论一下人和事，多参加社会活动。在家庭中不管讨论任何问题都让孩子发表意见，也可以锻炼孩子的口才。多看书，看多了，理解多了，学习书中优美语言的用法，逻辑思维自然有条理了，孩子也就会引经据典，更有说服力，语言表达能力也就提高了。常带着孩子出去走动走动，多见见人，多与他人交流。只要有机会就与孩子说话，有意识地反问、提问。让孩子在聚会时发表自己的意见，全家人一起演讲，大家相互提意见，哪怕孩子说得不好，也要鼓励他。总之，父母要多给孩子提供训练说话和锻炼口才的机会与环境。

许多孩子在说话方面存在障碍。前人说："一言可以兴邦"，"三寸之舌，强于百万之师。"具备良好口才的孩子能与周围的人很好沟通，与周围的同学朋友友好相处，能在某些场合很大方地推销自己。现代社会是一个充满竞争的社会，没有竞争意识的人是很难适应社会生活的。

说真话需要看场合

有时候说真话需要看场合。孩子本来纯真可爱，童言无忌，张口就来，而大人有时候会不知不觉地教会孩子察言观色，想说的不敢说，不想说的却说，一切都受目的的牵制。而这种功利和世故显然是不应该出现在一个孩子身上的。

这天隔壁邻居家的阿姨剪了一个新发型，可是看起来有点儿可笑，因为这个头型一点儿也不适合阿姨的年龄和身份，怎么看怎么觉着别扭。

阿姨来到铃铛家串门。此时，铃铛正在客厅里看电视，阿姨和她打招呼："铃铛，在干嘛呢？"

铃铛回过头来看到阿姨的样子，立刻忍不住笑了出来。妈妈瞧见铃铛这个样子，立刻打断了她的笑声，回应阿姨道："哟，今天换了个新头型呀？"

阿姨得意地抚了一下头发说："对呀，花了200元呢，怎么样？看起来很时髦吧？"

妈妈夸张地笑着说："当然，非常时髦，太漂亮了。"

阿姨喜上眉梢，便也问了铃铛："你说阿姨的这个新发型怎么样？"

铃铛没有立即回答，她悄悄地望了妈妈一眼，只见母亲给她使了一个眼色，妈妈小声提示孩子道："说点儿好听的话。"

铃铛心里有数了，她也学着妈妈笑嘻嘻的样子回答道："嗯！阿姨的发型看起来相当时尚，起码年轻了五岁！"

隔壁阿姨这下笑得花枝乱颤，直夸铃铛聪明懂事。

可是，铃铛心里面犯嘀咕了："原来，大人们总喜欢听些好听的假话呀！"

也许铃铛的妈妈不想让孩子说些让大人感到尴尬的话语，才叫她"说点儿好听的话"，而这些话其实也就是假话了，母亲无形中在误导孩子说谎。

教育孩子就要首先严格要求自己，以身作则。父母自己必须诚实，然后才能教育孩子诚实。在这一点上，身教远胜于言教。如果父母言行不一，表现出种种不诚实，对孩子的诚实教育不仅会完全失效，还会使这种教育本身变得不诚实，最终导致孩子养成不诚实的恶习。

要教育孩子认识不诚实的危害。尤其要针对社会生活中种种不诚实的现象，对他们讲明原因，论述危害，使他们产生抵制力、排斥力、免疫力。

要及时纠正孩子不诚实的言行。鼓励孩子说真话、办实事，从小养成实事求是的态度、作风。

最后，如果孩子一句不合时宜的实话影响了某种氛围，父母也不可当场指责孩子的无礼。如果父母这样做了，会使孩子产生一种不说真话的心理，从而在以后的言谈举止中，失去了说实话的勇气，从而也慢慢失去了做人的基本标准。

不要玷污孩子纯净的心灵，请对他们施予正确的教育。教育是鼓励诚实，而不是纵容虚伪。不要赞扬孩子为达到某种目的而做出的不诚实行为，让孩子尽量保持真实的本色。

允许孩子争辩

父母在教育孩子时，往往会遇到孩子回嘴、反驳、顶撞等。面对这种争辩，做父母的该如何处理呢？明智的做法是给孩子争辩的权利，认真地听取争辩。这样做，主要的好处有两个：其一，从孩子的争辩中，做父母的可以了解到其发生某种错误行为的背景、条件以及心理动机等，针对性地进行有成效的教育；其二，让孩子争辩，也就为做父母的树了一面镜子，父母通过听取子女的争辩检验自己的教育方法是否得当，说的是否在理，发现不妥之处可以及时的调整。

孩子争辩时，常常是他们最得意时。这时也是孩子最来劲儿、最高兴、最认真的时候，对他们的大脑发育是有好处的。同时，这样还可以营造家庭的民主空气，增加孩子各方面的能力。研究发现，这样的孩子具有很强的交际能力与其他方面的能力，对将来的发展是大有好处的。

当然，允许孩子争辩是应遵守规则的。换言之，就是不允许他们胡搅蛮缠，随心所欲，而是在讲道理的基础上进行的。假如孩子违反了争辩的规则，父母自然应该予以制止。值得提醒的是，父母是规则的制定者，因此，在制定规则时要从实际出发，合乎孩子的情况，合乎一般的道理，否则，这种争辩就是不平等的。

很多父母的实践说明：教育孩子时，允许孩子争辩，孩子常常会讲出一通令父母受益的道理来。

给孩子争辩的权利，这对很多做父母的来说并非轻易就能做到的，他们在教育孩子的时候，往往是只能我说你听，哪能容孩子争辩。因此，给孩子争辩的权利，需要做父母的克服自以为是，惟我是从，只准说是、不准说不的单向说教的思维定势，换上尊重孩子，鼓励争辩，勇于自以为非，善于双向交流的思维方式；改变轻则呵斥，重则棍棒的粗暴行为，养成重科学、讲民主、以理服人的良好规范。

心理学家经过科学调查得出了这样的结论：能够同父母进行真正争辩的孩子，在今后的日常生活中，会比较自信、富有创造力与合群。

因此，父母应该为孩子的争辩创造一种宽松、平等的氛围。在争辩的过程中，父母应循循善诱、以理服人，莫以为孩子与父母争辩是对长辈的不敬。

如何提高孩子的争辩能力呢？

（1）刺激孩子智力的发展。孩子勇于与父母争辩的直接原因是他们语言能力的进步与参与意识的觉醒。在争论的时候，孩子必须根据自己对环境的观察分析，选择、运用学到的词汇与表达的方式，试图有条理地表达自己的欲望，挑战父母。这无疑有利于刺激孩子语言能力的发展。

（2）帮助孩子形成意志。争执能帮助孩子变得自信与独立。在对抗中的孩子感觉到自己受到重视，知道怎样才能贯彻自己的意志。孩子与父母争辩后注意到，"父母并非总是正确的"。辩论的"胜利"，无疑使孩子获得一种快感与成就感，既让孩子有了估量自己能力的机会，也锻炼了他们的意志力。

父母应该树立一种观念，允许孩子争辩，这不是什么丢面子的事。有的父母认为，假如允许孩子争辩，孩子就会不听话，不尊重自己，让自己为难，这种想法是极为不正确的。允许孩子争辩，对两代人都有好处，因此，父母要善于研究学习，让争辩发挥更大、更好的作用。

敢于提问的人才是勇敢者

很多孩子不爱问老师，到底是什么原因呢？父母对此必须弄清楚。有的孩子是"怕"老师。不回答问题是"怕"回答错了被同学嘲笑或老师批评，或者曾经遭受过这方面的挫折。久而久之，形成一种"恐问症"或"恐答症"。原因归根结底在于好面子和自卑感强，为了不丢暂时的面子，宁可让问题堆积起来。消除这一症结的方法就靠培养自信心，所以，父母应该鼓励孩子提问，大胆走出第一步。此外还可以找一位孩子自己认为最亲近的老师提出一些问题请教，慢慢锻炼胆量，再过渡到问其他老师，以致习惯成自然。

环环自上初中以来，其他方面都蛮好，就是在学习上遇到问题时总不爱问老师，上课也不积极回答问题，偶尔被叫起来回答问题，也是支支吾吾，前言不搭后语的。不知道为什么，环环就是有点儿"恐师症"，一看到老师就不自觉地紧张起来，别说主动向老师提问了，就是老师走过她的身边，环环也有点儿不自然。

尽管环环也知道积极向老师提问才是提高学习成绩的好办法，可她就是鼓不起勇气向老师提问，渐渐地学习成绩也往下掉了，妈妈对此很着急，但是也不知道到底是什么原因。

这天，环环在写作业时遇到了一道难题，她希望妈妈能够帮忙解答，可是这道题妈妈也不会做，妈妈便向环环提议道："那你留着，明天到学校问老师吧。"

环环赶忙摇头，说道："问老师？我可不敢。"

妈妈没有表现出过度惊讶的样子，而是平和地询问道："为什么会害怕向老师提问呢？学问、学问，要学要问呀。"

环环低语："我也不知道，就是不太喜欢问老师。"

妈妈轻抚孩子的头，说道："老师是你的朋友，学习上有不懂的地方应该大胆提问。而且，敢于提问的人才是勇敢者。相信妈妈，嗯？你一定能办得到。老师也一定非常乐意回答你的问题。"

环环点点头。心里面下决心明天一定要鼓足勇气向"朋友"发问。

当孩子成绩下降了，父母不要讽刺、打击、挖苦。不要说："你学习这么差，就怪你不爱问老师。"而应以正面教育为主，引导孩子谈谈班上学习成绩好的同学平时在学习上的表现，鼓励孩子向优秀生学习，但是应注意尽量避免总拿孩子的不足与别人的长处比,以免引起孩子心理上的抵触和自卑感,应充分挖掘孩子自身的优点,引导孩子自己和自己相比,以扬长补短。

父母还要与老师加强联系,创设问答的便利条件。父母可以请求老师为孩子提问创造条件和机会,如请老师平时多提问孩子,多提简单一点儿的问题,或请老师在下班辅导时多接触一下孩子,慢慢拉近师生之间的心理距离,在这个过程中,增加师生间的亲切感,缓和、减轻学生的紧张感。

无论是父母,还是老师,都要耐心教育、帮助孩子树立"不耻下问"的精神。要让孩子明确"学问、学问,要学要问;不学不问,不成学问;只学不问,也难成学问"。从而形成孩子不断寻求问题、分析问题、解决问题的内在动力。同时,还要教给孩子正确的提问技巧。引导孩子学会寻找问题,分析问题的症结在哪里,有疑而问;和孩子探讨怎样提问才能使老师明白你所提的问题,尽量做到表达清晰准确,口齿清楚;还要教育孩子提问时要注意礼节、懂礼貌;一时不懂的问题,不要灰心着急,回去思考之后再问老师等等。

倾诉是最好的缓解心理压力的办法

适当的压力可以激励人努力向上,没有压力会使人疲乏、懒散,但压力太大又会使身心无法承受而出现心理问题。有研究表明,在中小学生中普遍存在厌学、考试焦虑和作弊以及青春期烦恼的问题,有不少孩子还有性格狭隘、孤僻、懒惰和任性。作为父母,有责任帮助孩子克服压力,因为对孩子来说,父母是最重要的影响力量。

四　口才好，有理有据有效沟通

瞿恒今年马上就要参加中考了，学习负担骤然增加。每天有写不完的考卷，背不完的课文、公式，瞿恒渐渐有点儿"力不从心"了。最近，他总有一种喘不过气的感觉，心理压力仿佛已经超出了他所能承受的限度。瞿恒的精神状态变得非常不好，学习成绩也随之退步了许多。

瞿恒的变化，他的父母是看在眼里的。可是，瞿恒不想让父母担心，他觉得自己能够"撑住"。

这两天，瞿恒出现了食欲不振的情况，爸爸为此很心焦。他温和地询问孩子道："你最近学习很辛苦吗？"

瞿恒点点头，说道："功课越来越多，而且，我现在觉得心理压力好大，可是我又不知道怎么排解掉。"

爸爸轻轻地握着瞿恒的手，说道："能和我说说你的心理压力吗？倾诉是最好的缓解心理压力的办法。"

后来，在爸爸的帮助和引导下，瞿恒终于克服了种种心理压力，以正常健康的心态面临即将到来的中考。

父母要关心孩子的成长，鼓励孩子培养有益身心健康发展的兴趣爱好，多参加一些学校组织的课外活动，这对舒解孩子的心理压力是大有裨益的。最好不要强迫孩子去学这学那，应该多听听孩子自己的意愿。

当发现孩子出现心理压力过重的情况时，父母一定要加以恰当的引导，这样，孩子才不会产生更为沉重的心理压力，从而轻松愉快地度过青少年时光。

首先，帮助孩子面对恐惧。有时候孩子会因为自己和别人不一样，比如不跟别人一起逃学，不跟着别人作弊、抽烟、抄作业等等而受到嘲笑，甚至受到孤立，感到恐惧，不知所措。这时，父母应当教导孩子要坚持原则，不对的事一定不能做，让孩子知道，能够做到不随波逐流是很不容易的，这正是一个人成熟的表现，也是有主见、有头脑的表现。

其次，和孩子一起分享自己的经验。父母小时候一定也曾经遇到过孩子今天的状况，当时是怎样对待的或现在遇到了什么难题又是怎样处理的，这些都可以和孩子分享。当孩子知道了父母原来也常常会面对压力和烦恼的时候，他们对父母所说的话就比较容易听进去了。父母告诉孩子自己是怎样应付压力的，那实际上是为孩子树立了一个很好的榜样，也就增强了孩子克服压力的勇气和信心。

认真倾听孩子的心声。要想帮助孩子克服压力，先要了解孩子心理上有什么压力，压力从哪里来。所以，必须听听孩子的倾诉，要抽出时间和孩子面对面地交谈。交谈时要专注，和蔼地看着孩子，认真地听他说话。只有父母肯把心交给孩子，孩子才肯把心交给父母。这样，才能了解孩子心理压力的真实情况，才能够针对问题帮助他们。

别阻止孩子插嘴

日常生活中，父母在说话时，如果孩子插嘴，父母便会制止："大人说话，小孩别插嘴。"父母们觉得这样的话语并没有什么不妥，自己是大人，孩子是小孩，孩子"乱"讲话就是没礼貌。事实上，父母的这种想法太过于专制了。

大人与孩子的世界虽然不同，但应该是平等尊重的。孩子对大人世界的事情发表见解是他们独立意志的表现和发展的需要，即使评断不正确，也是值得称赞的。

可儿和邻居家的姐姐处得挺好的，可儿是人小鬼大，虽说刚上初二，可是知道的东西还不少，邻居家姐姐的许多感情上的烦恼都可以和这个小丫头交流。姐姐常问可儿："你这些感情方面的知识都是从哪里学来的？"

可儿总是笑笑说道："呵呵，都是电视上面看来的呗，我可是天生有这方面的才能。"

说完，两人便笑成了一团。

最近姐姐和男朋友闹了一点儿别扭，两人正在冷战中。这天，妈妈和姐姐还有邻居家的阿姨正在说这件事："你应该原谅他的，男孩嘛，总是有点儿粗心的。"

姐姐说道："哼！饶了他这回，那下次更上脸了……"几个人正聊得起劲，可儿也连忙把头凑了过来，搭茬道："哎呀，姐姐你应该原谅他这一次，就会显得你宽宏大量……"

妈妈看到女儿居然打断了大人的谈话，立刻喝道："你在这里干嘛？大人说话，小孩别插嘴。你懂什么？回家写作业去！"

可儿小声地嘀咕："谁说我不懂的。"妈妈狠狠地瞪了可儿一眼，她只好灰溜溜地离开了。

如果大人们把大人的世界和孩子的世界划分得太清楚了，不把自己的孩子当成一个和自己平等的人来对待，不给予他们应有的尊重，那么孩子就不会把信任给予大人，有事不会和大人说，把所有的心事都放在心里。

所以，父母要正确面对孩子的这种对成人世界的新奇，给孩子提供机会让他参与到一些"大人们的事情"的讨论中，培养孩子的分析问题和解决问题的能力。

父母要注意，孩子有自己的发言的权利，应该尊重孩子的表达需要，让他自由发表个人的意见，而不要扼杀他们的天性。

积极为孩子创造条件和机会，让孩子尽快尽早地了解成人的世界、了解真实的社会。如果大人的谈话确实不便孩子在场，可适当地安排孩子去做一些别的事，转移孩子的视线，而不要呵斥着打断孩子的话语，说"大人说话，孩子别插嘴"这类的话语，这会在无形中伤到孩子的自尊心。

不要打断孩子的诉说

一些父母在听孩子说时总是不够耐心，有的甚至不愿意听孩子讲话，总是打断孩子的倾诉。他们可能觉得这样做没什么，然而这样做给亲子关系带来的副作用是难以估量的，孩子也会因此而不愿与父母沟通，有的孩子甚至会变得抑郁内向。

在一期家庭互动电视节目上，主持人把一位可爱的小朋友请上台，问他："你长大后想要当什么呀？"小朋友认真地回答："我要当飞机的驾驶员！"主持人接着问："如果有一天，你的飞机飞到大西洋上空，这时飞机的燃油用完了，你会怎么办？"小朋友想了想说："我会让坐在飞机上的人绑好安全带，然后我挂上我的降落伞跳出去。"

这答案使现场的观众笑得东倒西歪，主持人继续注视着这个孩子，想看他是不是自作聪明的家伙。

观众的大笑使孩子噘起了小嘴，眼睛里也有了泪水，这才使得主持人发觉这孩子似乎有无限的委屈。于是主持人问他说："为什么要这么做？"小孩的答案透露出一个孩子真挚的想法："我要去拿燃料，我还要回来！我一定要回来！"

这是一个关于倾听的经典故事，如果主持人不耐心地听小家伙把话说完，他又怎么能体会到孩子的真挚和善良呢？如果主持人打断孩子的话，并说："好了，好了，你这个小家伙！把乘客留在飞机上，自己先逃跑真是个'了不起'的主意啊!?"那么，孩子会觉得多么委屈啊！很多父母都是这样，在孩子还没有来得及讲完自己的事情前，就按照大人的经验大加评论和指教，结果曲解了孩子的意思。

如果父母总是随意打断孩子的诉说，不给孩子倾诉的机会，这样下去，父母也就听不到孩子内心的想法，听不到孩子的心声，了解不到孩子的所思所想。孩子出现了什么问题，父母也不会知道，问题也就不会得到及时地解决，孩子的心理必然受到严重的消极影响。

然而，现在耐心地听孩子讲话的大人越来越少了。一些孩子的父母不是面对孩子主动说话，而是只顾看着报纸或电视随声附和地聊上几句，很少看到父母面对面地耐心地听孩子说话的情景。

但是，生活中，我们又常常听到父母叹息说："孩子大了，有什么话也不跟我说，我说什么孩子也不愿意听。"孩子也抱怨说："父母什么事也不给我们讲明白。""父母光说自己想说的话，可我想说的话，父母都不听。"这种父子或母子之间的现象常常为父母、也为孩子所困惑。

遇到这种情况，该怎么办呢？

首先，父母要用心听，但不急于判断。然而父母却总对孩子的倾诉缺少耐心，急于判断谁对谁错。但只判断而不用心听，会切断许多心灵沟通的途径。

假如一个孩子放学后很晚才回家，孩子刚要解释，心焦的父母便开口喝道："我不要听出了什么事！"这种反应破坏了双方的沟通气氛，更严重的是令孩子的自尊心受到打击。正确的方法是告诉他你们如何为他操心："我们又担心又害怕。"然后让他说明一切，也许孩子有可以谅解的理由呢？

其次，对孩子的倾诉多一点耐心。我们都渴望有人听自己说话，在大多数的情形下，人与人不能沟通，就是因为只有人说话而没有人听。如果父母们能对孩子的倾诉多一点耐心，不急于打断孩子的话，那么孩子遇到事情时就会乐于向父母倾诉，与父母建立良好的沟通。

倾听是了解孩子最有效的途径，父母只有耐心地倾听孩子的诉说，才能看清孩子的内心世界，在此基础上才能创造更多与孩子交流的机会。

五

学习好，孩子沟通中有自信

对于孩子来说，学习成绩的好坏关系到他的心理问题。通常，一个学习成绩好的孩子，无论做任何事情，都会自信满满。因为在孩子的心目中，学习往往是最主要的。因此，让孩子取得良好的学习成绩，将影响到他日后的沟通问题。

帮孩子跨过厌学的泥潭

生活中我们会发现，很多孩子厌学是因为成绩差。成绩差给孩子带来了很多压力，孩子会怀疑自己的智商，担心父母责骂自己，这使他们越来越讨厌学习，并且产生不安感。对于这种情况，父母来"硬"的是没有用的，越骂反而会越糟糕。只有使用诱导的方式，宽慰和鼓励孩子，才能带孩子走出低谷，让他们忘记学习的烦恼。

厌学的孩子最讨厌的就是父母强制自己学习，这样做只会使他们对学习厌烦，充满敌意，对提高学习成绩也不会有任何帮助。因此聪明的父母要掌握孩子的心理，运用诱导的方法来激发孩子的学习兴趣和热情，一点点地提高孩子的学习成绩。

父母应该明白，诱导、鼓励的力量远远大于批评和指责。在要发火时不妨忍一忍，换一种方式，也许你会给孩子和你自己一个惊喜。

琳琳平时学习很努力，上课认真听讲，积极完成作业，但是考试时，同桌很轻易地就考了第一，而自己才考了全班第十九名。

回家后，他困惑地问他的母亲："妈妈，我是不是个笨孩子啊？我觉得我和同桌一样听老师的话，一样认真地做作业，可是，为什么我总比他落后？"

妈妈明白，儿子的同桌给他造成了很大的压力。但是她不知道该怎样回答孩子的问题。

又一次考试后，孩子考了第十六名，而他的同桌还是第一名。回家后，儿子又问了同样的问题。妈妈觉得很苦恼，因为她不想说一些话来应付孩子，比如，你太贪玩了，你在学习上还不够勤奋，你和别人比起来还不够努力……因为她知道，像儿子这样脑袋不够聪明，在班上成绩

五 学习好，孩子沟通中有自信

不突出，却一直在默默努力的孩子，平时活得已经够辛苦了。然而这个孩子却一天天消沉起来，他在学习时总是心不在焉，老师甚至反映说，孩子曾几次逃课。眼看孩子的厌学倾向越来越明显，当妈妈的决心为儿子的问题找一个完满的答案。

周末，妈妈带着儿子一起去看海，就是在这次旅行中，这位母亲解决了儿子的烦恼。

母亲和儿子坐在沙滩上，海边停满了争食的水鸟儿，当海浪打来的时候，小水鸟总是能迅速地起飞，它们拍打两三下翅膀就升入了天空；而海鸥总显得非常笨拙，它们从沙滩飞入天空总要很长时间，母亲告诉儿子真正能飞越大海、横过大洋的却是这些笨拙的海鸥。

同样，真正能够取得成就的人，不一定是天资聪颖的孩子；而一直努力不断的孩子，即使天资不好，也一定能获得成功。

现在琳琳再也不为自己不如同桌而讨厌学习，也再没有人追问他小学时成绩排第几名，因为他已经以全市第一名的成绩考入了北京大学。

生活中，很多成绩差的孩子并不是不努力的孩子，因此不要看到孩子成绩糟糕，就对孩子横加指责。这样做不但对提高孩子的成绩毫无益处，甚至还会起到反效果。在父母的指责中，孩子就会认为"我是个笨蛋，怎样也不会成为父母期望的样子"。于是他们就会陷入成绩怪圈：越考越差，越差越讨厌学习。

在这里，我们总结出几个用诱导的方式帮助成绩差的孩子告别厌学情绪的方法，生活中父母不妨试一下。

首先，用小小的成功帮孩子建立信心。心理学家认为经常有意识地安排一些比较简单的题目让因成绩较差而厌学的孩子做，并及时给予褒奖、赞美，那么孩子的自信心自然容易建立，厌学的情绪必定也会得到改变。

其次，鼓励孩子重新振作精神。成绩差的孩子更需要父母的安慰和鼓励。父母应适时地帮助孩子从失败和挫折中总结教训，在哪里跌倒就从哪里爬起来。这样才能使孩子重建信心，振作精神。

最后，给孩子找个榜样。榜样的力量是无穷的，如果你多鼓励孩子和成绩优秀的同学交朋友，从他们身上学习良好的方法和思路，时间一长，孩子自然就会受其影响，改变厌学的态度。如果这个同学碰巧是孩子喜欢的人，那就更好了，这样将对他的影响更大。

厌学的孩子对上学不感兴趣，但迫于家庭或外界压力又不得不走进学校。在校学习状态消极，学习效率低下，人也会变得烦躁不安，多思多虑，容易发怒，注意力不能集中，甚至看什么都不顺眼，对自己和别人都感到厌烦，每天如生活在水深火热之中。当觉得自己无论如何再也学不进去的时候，当他觉得上学学习对他来说简直就是一种折磨的时候，他就可能会从心底产生对上学和学习的厌恶情绪，最终可能会选择逃学、离家出走等极端行为。

引导孩子正确化解对老师的误解

老师与孩子之间产生误会、矛盾的时候，父母应该起到一个"灭火器"的作用，让孩子学会理解老师，避免感情用事，并与老师加强沟通，及时消除误会。

辰辰是初中二年级的一个女孩，性格很乖巧，学习成绩也不错。有一位严厉的数学老师，一直对她很好，可是有一天上课的时候，辰辰不小心把书桌上的一本英语书碰掉在地上，辰辰连忙弯腰去捡书。结果又不小心把另一本书也碰到了地上，教室里立刻响起了一片笑声。数学老师紧绷着脸把辰辰叫了起来，让她回答问题，由于紧张，辰辰结巴了半天也没回答出来。老师生气了，让辰辰离开教室。听到教室的门"哐"一声关上后，走廊里的辰辰惊呆了，难道自己这么令人讨厌，竟然把自己赶出教室，不让听课？自己平时又不是差等生，为什么要受到这样的惩罚？初二的女生也是大姑娘了，这种丢人的场面竟让自己撞上，辰辰痛苦地流下了眼泪，连书包都没拿便回了家，向爸爸哭诉了一切，甚至还要爸爸给她转学。

辰辰的爸爸听完女儿的哭诉，认为这个问题虽小却很严重，处理不好就会影响辰辰的学习态度。于是考虑了一下后劝导辰辰说："我知道你现在觉得很委屈，但爸爸还是劝你冷静一下。你说要转学，我们先不说能否再找到一个适合你的学校，即使你真转学了，也是带着不愉快的记忆，你也会觉得很难再面对现在的同学和朋友了。所以，逃避不是办法，我们还是来解决眼前的问题吧！老师误解了你，你很生气，但你也要为老师着想一下，你看教室那么多人，老师又不是神，根本没办法对每个同学每一件事都处理得公平合理。况且这个老师以前对你不是很好吗？我相信她一定不是故意针对你，说不定她现在也后悔不该对你火气那么大呢！"辰辰终于冷静下来，可是她还是有疑虑："可我再见她说什么呀？"爸爸笑了："这么聪明的女儿还不知道吗？解释啊！误会是可以解开的。"第二天，辰辰在走廊里遇到了数学老师，她紧张地走上前去，解释自己昨天并非故意扰乱课堂秩序，结果，老师有点儿不好意思地笑了，并承认自己确实误会辰辰了，还让辰辰放学后等一会儿，把耽误的课补上，一场误会烟消云散了。

这位父亲就成功地运用劝和的方法来化解了师生间的矛盾。在师生交往中，出现些误解、矛盾是常事，但要记住，小摩擦处理得好，可以"化干戈为玉帛"，处理不好，就会留下"隐患"。因为学习的事，师生间出现些误解，父母要让孩子站在老师的角度设身处地地想一想，老师是不是故意地站在自己的对立面，自己的言行有没有什么错误。通过互换位置理解，就会认识到，班级里那么多的同学，老师要想真正做到有的放矢地进行教学和教育工作也是很困难的。他们对问题的判断也不一定就准确无误。师生间出现些暂时的误解，学生应本着有理让人、无理认错的态度，这样才能真正地改善师生关系。

生活中，像这样的情况也时有发生，遇到类似的事情时，父母一定要冷静地分析情况。

首先，父母一定要教导孩子依据客观事实进行冷静分析，看老师到底有什么看法，不能只凭主观就得出老师故意和自己过不去等结论。一般来说，师生之间产生矛盾或误解都是由学习活动引起的。老师都希望学生能学好他们教的课程，认真听讲，尊重他们的劳动。老师围绕着学习所进行的批评，应该说动机都是善意的，也都是对孩子的高标准、严要求。但有的老师批评孩子时也会出现些失误，和事实上有些出入，从而引起孩子的抵触情绪。被误解的孩子会认为老师看不起自己或故意和自己过不去。老师是教知识的，学生是学知识的，老师无论提出什么批评都是针对学生的学习状况展开的，师生之间又没有个人的恩怨，怎么能会产生成见呢？如果父母能帮孩子客观分析，就会使孩子消除偏见，增进师生间的沟通。

其次，父母要主动地、心平气和地与老师沟通。有些孩子，在学校里与在家中的表现完全不同。在家里又懂事又听话，是一个很乖的孩子，可一到学校，就情绪低落，不爱学习，表现糟糕，经常受到老师的批评，也经常顶撞老师。在这时候，父母要主动地、心平气和地与老师沟通，向老师提供孩子在家的一些日常表现状况，让老师也了解孩子的另一侧面，消除对孩子的误解，从而对孩子的行为有一个全面的评价，在此基础上，与父母积极配合，教育好孩子。

老师需要对孩子负责，需要管教孩子，当然有时也会误解孩子，与孩子产生一些矛盾。在这种情况下，父母一定要多"劝和"，引导孩子正确对待老师的误解，并积极化解彼此间的误会，不要让误会愈演愈烈。

学习一定要专心致志

生活中，很多孩子之所以无法取得好成绩，就是由于注意力不集中导致的，坐在书桌旁发呆或者手捧书本想入非非，这样的状态怎能学好知识呢？因此我们必须让孩子从小养成专心致志的好习惯，专心是学习知识的前提和保证。

一个成绩较差的小学二年级的学生说："学校教的课程太枯燥，没趣味，上课我也不注意听讲。放学回家，我妈妈虽然逼我复习，但我心不在焉，复习的时候，我总想电视里动画片的事，什么都记不住，考试成绩不好，总挨我妈训斥。但我一看动画片就上瘾，别的什么都忘了，动画片里的情节却记得很清楚，有时在上课时，动画片的情节还会突然在我脑海里浮现出来。"

这个孩子的问题不在于笨，而在于注意力不集中。这种情况在各年龄段的孩子中都存在。

我们经常说的分心，就是在听课时注意力被别的事情吸引过去，离开了听课的内容。例如，有个同学上课时思想上开小差，当老师叫他的名字的时候，他竟然没有听见，一脸漠然，或者东张西望，甚至问他的同桌："老师在叫谁啊？"结果引起全班同学的哄笑。

上课分心就无法专心理解老师讲课的内容，是学习的最大障碍之一。好的习惯是需要培养的，孩子年龄小，可塑性极高，只要经过训练，就一定能够养成专心致志的好习惯：

（1）克服外界干扰，养成闹中取静的学习习惯

在学习中，常常有不少内外因素的干扰，使我们难以集中精力学习。良好的环境固然重要，但这不是解决问题的根本办法，有些客观条件是我们所不能改变的，因此掌握"闹中取静"的本领更加重要。

这种本领完全是通过练习而锻炼出来的。比如，有人为了锻炼"闹中取静"的本领，就故意蹲在繁杂的集市或公园看书。当然，开始时会遇到许多困难，但只要坚持下去，就会取得成功。在现代的城市生活中，我们可能会遇到更多的刺激，如汽车、电视等的声音、吵闹声、工地施工的声音等等，如果改变不了这些外界刺激的话，千万不要心浮气躁，一定要静下来，投入到学习中去，不去想它。可能过一会儿你适应了之后就感觉不到它了。

（2）加强意志锻炼，做支配注意力的主人

在学习中我们除了会遇到外界的刺激外，还会受到内部因素的干扰，如情绪低落、身体欠佳、不良习惯等，这些更容易使我们分心。因此，我们要学会以坚强的意志同一切干扰做斗争。汉朝杰出的历史学家司马迁，在遭受宫刑后，仍忍受屈辱，在极其恶劣的情况下，用坚强的意志控制自己的情感，集中精力撰写史书，经过十多年的艰苦劳动，终于写成了"史家之绝唱，无韵之《离骚》"的巨著——《史记》。

（3）注意休息

人在疲劳的时候是很难集中注意力的。所以我们必须养成良好的学习习惯，学习时全力以赴，休息时尽情娱乐。

（4）跟上老师讲课的节奏

在听课时如果你遇到了听不懂的内容，这时千万不要停下来卡在那里，脱离教师的讲课轨道，这时候你应该在不理解的地方做个记号，然后接着听老师的讲课内容。等下课后，再去向老师或同学请教不理解的问题。

(5) 放松心情

如果你在上课时，老是胡思乱想，静不下心来，那么，这时候你就先不要强迫自己听课，而是闭上眼睛，全身放松，缓慢呼吸，尽量排除其他念头，全神贯注数自己呼吸的次数。大约三分钟后，再开始听课，这样你就会集中你的注意力了。

专心可以调动整个大脑神经系统来高效率地学习，而分心就会降低学习效率，甚至对本来可以弄懂的问题感到迷茫。每个孩子头脑里都有专注的成分，只要耐心引导一定能养成专心致志的好习惯。

勤思考才能有进步

大文学家巴尔扎克曾说过："打开一切科学的钥匙，都是毫无意义的问号。"这就是在告诉我们学习一定要会思考，有思考才能有创造、有发展。因此一个孩子如果能从小养成独立思考的习惯，那么他就一定会表现得更加出类拔萃。

高斯是近代数学奠基者之一，在历史上影响之大，可以和阿基米德、牛顿、欧拉并列，有"数学王子"之称。高斯非常善于思考，这种良好的思维习惯在他小时候就已经表现出来。

高斯的父亲是泥瓦厂的工头，每周他都要发薪水给工人。在高斯3岁时，有一次当父母正要发薪水的时候，小高斯突然大声说："爸爸，你弄错了。"然后他说了另外一个数目。原来小高斯趴在地板上，一直暗地里跟着爸爸计算该给谁多少工钱。重算的结果证明小高斯是对的，这把站在那里的大人都惊得目瞪口呆。

小高斯10岁时，有一次他的数学老师让他们全班解答一道习题：

立即计算出"1+2+3+4……+100=?"的答案。这个题目在今天早已家喻户晓，可是在那个时候、那个场合，对于一群小学生来说，还真不容易。要算出这么长的算术题耗时不少，孩子们都想争取第一个算出来，立刻在草稿纸上做了起来。

只有小高斯还没有开始动手，他不是想偷懒，他在想，难道一定得经过这么复杂的计算过程吗？从客观上说，他在思考，目的是要寻找一种能够成倍提高计算效率的策略，这个过程花去了相当于其他同学进行加法计算的二分之一的时间。这时候，老师看见了他，走上前来问他怎么了，为何还不开始计算。小高斯说他已经知道答案了，是5050。老师十分诧异，问他是否提前做过这道题。高斯于是告诉老师，他通过观察发现这一组数字中1加100等于101、2加99等于101……这样的等式一共有50个，因此这道题可以化简为"101×50=5050"。

"真是太聪明了！"老师赞扬他。

这种"聪明"并不取决于孩子的智商。事实上，小学生的智力与学业成就的相关系数只有0.21，它应该取决于孩子良好的思维习惯，使智力的潜在能力得到了充分发挥。认真的思考虽然为孩子解决问题的过程增加了一个环节，却使解决问题的时间缩短了很多倍，大大提高了学习的效率。小高斯进行思考花去了相当于别人解题所耗时间的一半，然而计算出"101×50=?"只需要1秒钟。从这里边，你难道还看不出善于思考的优势吗？

伟大的物理学家爱因斯坦说："学会独立思考和独立判断比获得知识更重要。不下决心养成思考习惯的人，便失去了生活的最大乐趣。"

我们还是再来看一看张肇牧的学习经历。

肇牧十分喜欢做实验性游戏，当听爸爸妈妈说要做有趣的实验游戏时，肇牧非常高兴。

"肇牧，从你的玩具中，找出两个同样大的杯子，一个比杯子大的碗或者是锅都行。"肇牧将三样东西拿来了。"爸爸，你看行吗？"爸爸满意地说："行。你用锅装些水来，并且将水分别倒进两个杯子，要求两个杯子的水要一样多。"肇牧按示意进行。然后爸爸问肇牧："你看两个杯子的水，是不是一样多呀？"肇牧想了想，说："啊，是一样多。""你将一个杯子的水倒进锅里，你再看看，是锅里的水多呀，还是杯子里的水多？"谁知肇牧不假思索地给了爸爸满意的答复："一样多。""为什么？你看锅里的水这么少，杯子里的水那么多，怎么是一样多呢？"肇牧从容地说："爸爸你看，这是两个同样大的杯子，我倒进的是同样多的水，然后再把这个杯子装的同样多的水倒进了锅里，因为锅比杯子大，所以看起来锅里水像少些，其实它们一样多。"

谁能相信，这是一个年仅4岁的孩子对液体容量守恒定律如此肯定的回答，而且思维清晰，语言表达准确、完整！

上小学二年级的时候，数学教学正进入直式运算阶段，学生们都能按照老师的要求，从低位向高位顺序运算，惟独肇牧别出心裁从高位到低位进行逆向运算。爸爸妈妈问他时，肇牧振振有词："从左边算到右边是我想出来的窍门。"

正是由于小肇牧举一反三的能力，培养了他的思维、判断和推理能力。

学习有两种类型：一种是不经过思考的学习，一种是经过深思熟虑的学习。我们可能有这种体验，没经过思考的东西，即使学了，也会很快忘得一干二净。理解了再加上自己思考后的东西记得最牢，往往会一生受用无穷。这就是"学而不思则罔，思而不学则殆"的道理。

因此，在学习时一定要多思考，多问几个为什么。有些学生在课堂上总有问题要问，而另外一些学生刚好相反，总是沉默不语。

老师向很少发问的同学询问："为什么不发问？"

绝大部分的人总是回答说："我不知道该问些什么。"

这种连该问什么都不懂的人，不管上什么课，对老师的讲课内容一定是不知所语，只能在迷迷糊糊中打发那一堂课。

其实，发问并没有好坏的分别。刚学发问的时候，不必拘泥于"应该问得漂亮"，大可从小小的疑问来问起。一旦养成思考的习惯，日子一久，你就自然觉得该问的事情实在很多，而问得愈多，学习的乐趣也就越来越高了。

在上课中或上下学途中，忽然想到的疑问都要立刻拿出备忘小册，趁还没忘记的时候将它记录下来，然后设法早早解决它。

你要知道，疑问在刚想到的时候可真是新鲜无比，如果存放过久，就像泄了气的气球一样，魅力尽失，发生不了什么作用的。

很多经验丰富的老师都说，经常提出问题的人，应用能力总是超人一等，也是最能考得第一名的。这些人，平时看起来似乎领悟得较慢，但是在实力测验或模拟考试的时候，就会发挥惊人的潜能，拿到顶尖的成绩。

反过来说，那些平时不断点头，好像什么都懂的人，一碰到了应用问题就发傻，考不出好的成绩来。这就是勤于思考与不爱思考的区别。

注意从小培养孩子积极思考的习惯是十分有益的，年龄越小思维越灵活，随着时间增长，这个好习惯也将更加巩固，将来必定有所发现、有所发明、有所创造。

英国科学家波普尔说过："科学和知识的增长永远始于问题，终于问题——越来越深化的问题，越来越能启发新问题的问题。"一部科学发展史，就是对奥秘的探索与对问题解决的历史。由此可见，具有敏锐的问题意识，善于发现问题，并能孜孜以求地探索解决问题，对一个人的学问是非常重要的。

高压只会让孩子选择逃避

现在离家出走的孩子越来越多了，原因是多种多样的，不过大多数都是因为受不了父母的"高压"政策，因而选择了逃避。于是，这些孩子的父母痛苦、懊悔，可是说什么都已经晚了。当初何必要给孩子那么大的压力呢？孩子的承受能力实在是非常有限的。

有这样一个家庭：母亲是位教育工作者，连续七年被评为优秀教师，父亲是一个律师，自己开着一家律师事务所。这对夫妻有一个儿子正在读高中，而这个孩子却不像父母那样优秀，父母提起他来就是"我那不争气的儿子"。

儿子小时候聪明活泼，夫妇俩想尽办法为他创造条件：让他上各种兴趣班、提高班，还买了许多辅导书给他看。可是孩子的学习成绩始终没有达到他们的要求。小学时，孩子的学习成绩在班级属中上水平，进入初中后，他逐渐变得不听话，常常和父母唱反调，对学习厌烦，学习成绩明显下降。读初三时，常常逃学。为此父母斥责过他无数次。结果一天清晨，夫妇俩发现儿子不辞而别，书桌上留了一封信……

亲爱的爸爸、妈妈：

我走了，我实在是不配当你们的儿子。你们那么优秀，而我是如此的平庸，学习上我实在无法达到你们的要求，让你们丢脸了。

其实我也曾想把书读好，可不知怎么就是提不起兴趣来。我感到压力太大，喘不过气来。的确，你们为我创造了良好的读书环境，给我买了许多中外名著、课外辅导书籍，还给我一间书房读书，可你们越这样我就越怕让你们失望。

我很感激你们，也知道你们对我的爱和期望。但同时你们也剥夺了我作为孩子玩耍的权利，使我失去了很多乐趣。你们不允许我外出和同学玩，说这是在浪费时间，还怕我学坏。我的业余时间除了读书就是读书。我几乎没什么知心朋友。你们工作又那么忙，很少与我交流，即使是找我谈话也永远是那个主题——好好读书，要求我达到很高的分数。

上周的测试成绩出来了，我又没考到80分，你们知道了，又要骂我了吧？我觉得这个家已容不下我这个不爱读书的人。我走了，请别找我。

儿子

后来，父母在火车站附近找到了孩子。但回到家里，儿子表示不想读书了，否则他还会离家出走。父母只好答应他的要求，让他休学在家。

可以说，孩子的离家出走，完全是父母的高压政策所致。父母想通过给孩子加压，让他考出好成绩，以满足自己与同事、亲友攀比的心理，却不顾孩子的兴趣所在，一味地要求他参加各种学习班，剥夺了孩子交友和玩耍的权利，使孩子失去了和同龄人交往的机会，使孩子感到生活枯燥无味。孩子处在强大的压力下，不仅感觉孤独，而且发展到了对读书的厌倦。在此情况下，他只有选择出走，以逃避这令自己喘不过气的环境。

压力太大就会引起反弹，生活中，一些父母往往把孩子视为私有财产，为了要出人头地、光宗耀祖，父母不断给孩子加压，或冷言冷语、或棍棒教育，结果非但达不到预期效果，反而弄得亲子冲突不断。教育学家建议父母撤销高压政策，运用"减负的方法"减轻孩子的压力。

这样做是非常有意义的，减轻孩子的精神负担，会给孩子的身心健康带来好的影响，同时又可以缓和因高压政策而导致的亲子矛盾，如果处理得好，甚至还可以改变孩子对待学习的态度。

那么，减负的方法应该怎样运用呢？

首先，父母不要拿自己的孩子跟一些出色的孩子相比，当你对孩子说"你看人家的孩子……"时，其实就是在对孩子说："你太没用了，比起人家的孩子，你差得太远了！"这样一来自然会增加孩子的心理负担。

其次，在家里不要用教师的身份或其他什么身份管教孩子，而要以慈爱的父母角色和孩子倾心交谈，拉近距离，认真了解孩子的思想动态及兴趣所在，尊重孩子的想法，为孩子营造轻松愉快的读书氛围。一旦孩子接受父母作为他的知心朋友，消除令他窒息的高压环境，就能改变他对读书的厌倦。最好根据孩子的兴趣，激发他的读书热情。至于孩子今后的路怎么走，父母可以进行引导，但不能代替孩子做决定。

高压只会引起反抗，让孩子更不听话，更不爱学习。如果你能试着给孩子减去一些负担，那么孩子一定会更自信、轻松，并愿意回到你身边。

在阅读中求知

一位知名作家忧虑地写道："现在的中学生课外阅读的范围越来越窄，能用于课外阅读的时间也越来越少，很多人已经丧失了阅读文学名著的兴趣和欲望，而其他与课程和考试无关的书，他们更是难有机会涉猎。这是一个令人担忧，也多少使人感到悲哀的现象。"的确，伴随着电子产品尤其是网络长大的他们，不但阅读时间和阅读范围日益减少，而且阅读兴趣也被占据，文字在他们的阅读中只是一个小点缀而已。

英国文学史上颇具传奇色彩的勃朗特姐妹，她们之所以能写出蜚声世界的经典文学巨著，这与她们小时候的阅读习惯密不可分。她们的父母经常陪她们阅读，春暖花开的时候，她们常常聚集在野外，朗诵自己或别人的诗作。消闲漫长的冬夜，她们围坐在熊熊的炉火前，共同阅读优美、抒情的文字。文学的种子自此就深埋在她们的心底。最终，她们才能写出享誉世界的《简·爱》和《呼啸山庄》。

许多教育专家呼吁："孩子对文字的冷漠态度就像一种隐形液体，正慢慢渗透到社会文化中。当逃避阅读成为习惯，孩子的阅读能力便会退化，从而直接影响他们的成长。"

2001年8月6日，《中国青年报》刊登了一篇题目为《网络与影视横行的年代，你冷淡了文字吗?》的文章。文章说："只要留心人们就会发现，如今两三岁的孩子简直都是'古灵精怪'，一张小嘴表达能力特强。教育学家认为，这是电视中的大量信息对儿童刺激的结果，电视使他们的语言能力得到开发。但奇怪的是，这些孩子长到十几岁时却大多归于平庸，读写能力更差，比如前段时间传出的某次全国性考试，有学生面对考题竟引用《大话西游》里的台词！教育学家认为，清晰表达思想的能力，必须通过大量的阅读才能获得，而电视无法培养人们的这种能力。在与电视'依存'的日子里，人们养成了一种远离书籍的坏习惯，就像与一位朋友在一起久了，他的坏毛病会感染你一样。"

影响学生阅读能力的主要因素是家庭。研究表明，家长的语言表达能力和方式是影响孩子阅读能力的一个重要因素。大体上可以把家庭环境分为两种类型：

一种是缺少语言刺激的家庭。家长或是沉默寡言，或是讲话简单，不讲究用词的丰富与规范性，孩子生活在一个缺少语言刺激的家庭中，没有意识到语言的重要性，所以从小就缺乏语言经验。这种孩子很可能重视操作与活动，动手能力较强，而语言能力很差。长此以往，养成了孩子不爱阅读的习惯。

另一种是重视语言的家庭。在这种家庭中，家长经常与孩子交谈，用词准确而规范,有较高的文化素养。在这种家庭中长大的孩子,从小就受到良好的语言刺激,知道语言的重要性,所以养成了重视阅读的行为习惯。

两种不同的家庭环境,造就了孩子两种皆然不同的阅读习惯。前者将直接影响孩子的学习成绩和智力发展,而后者将有助于孩子学习成绩等诸方面的提高。

有一个有阅读障碍的学生,其他方面样样都行,就是不爱阅读。父母也认为他只是贪玩,学习不专心、懒惰。但事实上,他是由于阅读能力低下而导致的厌学。阅读能力差的学生往往在学习上会遇到许多困难。比如有的学生,计算能力很强,但在解应用题时就一筹莫展了。他们遇到用文字叙述的应用题时,阅读时由于不连贯,就很难理解题意。当家长给他们读一遍题之后,他们往往能立即列式子解题。这种学生不是智力低下,而是阅读障碍所造成的。

因此,对学生而言,养成阅读习惯的好处是显而易见的。

看一则故事,读一张知识小报,看一本科普画报,读一本名人传记……静心捧读,十分轻松、惬意,没有压力,也不必定任务,可以随心所欲,反正书报捏在手上,主动权完全在自己手里。遇上精彩的句子和段落,可以回头多欣赏咀嚼几遍;有心人,还可摘抄、剪辑,加以累积;需要时,便能信手拈来一用。如此自由灵活,何乐不为?

家财万贯,不如满室书香,因为文化资产的影响力更胜于物质财富。家里图书的数量、种类愈多,父母愈常和孩子讨论书籍的内容,孩子的阅读能力就愈强,就为孩子将来参与社会竞争赢得了一张最有价值的通行证。

书是孩子获取知识,增强智慧的源泉,培养孩子良好的阅读习惯,可以让孩子受益终生。

知识的积累源于读书学习,而读书学习则需要很强的主观能动性。

从素质教育要求来说，要改变传统"贮藏式"的求知习惯，转变为发展能力和掌握方法，养成"会学习"的本领并形成习惯，非常重要。

古今成大学问者，无不求师问友。师友间互相交流，切磋琢磨，就可产生群体互补效应。英国科学家卡罗尔在《科学漫步》中讲道：如果可能，找个和你一起读书的好友，和他一起讨论书中疑难之处。讨论常是潜移默化地解决难题的最佳方案。"养成良好的阅读习惯，就不会因胡看泛览而浪费精力，也不会因为读了不必读的书而耗费时间，更不会因读了坏书而使身心受损。"

好成绩来自于耐心地学习

心理学教授做过这样一个实验：他将一只跳蚤放进没有盖子的杯子内，结果跳蚤轻而易举地跳出了杯子。紧接着，他又用一块玻璃盖住杯子，于是，跳蚤每次往上跳时，都因撞到这块玻璃而跳不出去。过了一些时候，他把这块玻璃拿掉，结果跳蚤再也不愿意跳了，自然也就没有离开杯子。

这个"跳蚤实验"给人很大的启迪。其实，在许多情况下，孩子和跳蚤一样也有类似的地方：当孩子经过一段时间的努力而没有达到预定的目标时，便会灰心丧气，认为自己比不上别人，不是学习的"料"，永远也达不到预定的学习目标，于是就开始忽视自身潜能的激发和外界条件的改变，并放弃实现预定学习目标的努力。久而久之，将自己套在失败的阴影中爬不出来，以致最终一事无成，白白耗费一生。完全可以这样说，伟人之所以是伟人，就是能不屈不挠地实现自己的预定目标，即使遇到最大的困难也决不放弃。

烧开水的时候，烧呀烧，直到99℃水也还不开，但如果继续烧，只要再加1℃，水就会冒气冲盖，沸腾起来。可是如果在每次烧水时，中途停顿下来，让它冷却，那么就是重烧100次、1000次，这水也永远不会成为开水，不过是在燃料和时间上造成极大的浪费而已。

由此我们得到这样一条学习规律：学习任何一种文化知识都应像烧开水那样，不断加热，力争一次就把水烧开。不然，即使你学多少次，也难以产生从未知到已知的质变，而时间还会无情地惩罚你，使你由一个朝气蓬勃的少年变成皱纹满脸的老人。

有的学生会说，因为我天生对学习不感兴趣，所以不能在学习的时候做到持之以恒。其实，世上根本就不存在天生爱学习和天生不爱学习的人。我们可以把学习比喻成一个吃核桃的过程，核桃的肉是美的，但如果不把坚硬的外壳打开是永远也尝不到的。有的同学在学习上始终保持着一种拼劲儿，经过刻苦的学习，靠自己的意志和努力终于打开了核桃壳，尝到了核桃的美味，体验到了成功的乐趣，学习兴趣也就建立起来了。因此对学习的兴趣，要经过刻苦的付出才苦尽甘来的。而那些对学习不感兴趣的同学，多还徘徊在"核桃壳"外面，由于在学习过程中缺乏持之以恒的毅力，没有付出足够的劳动，也就没有品尝到"核桃肉"的美味，也就体验不到学习成功的乐趣了。时间长了，失败的次数多了，学习自然成了令人烦恼的事。没有坚强的毅力，学习是很难坚持下去的。

学习也是一项艰苦的劳动，它就如同干好任何一件事都需要付出艰苦的努力甚至巨大的牺牲一样，有时还要克服电视节目、游戏、足球、小说等的诱惑。所以，那些成绩较差、对学习不太感兴趣的同学，还需要继续磨炼意志和毅力。从做对一道题、听好一节课开始，锲而不舍地投入到学习中去，一旦那层"核桃壳"被打破，便能品尝到成功的滋味和乐趣，便能逐步建立起学习的信心和兴趣了。

每个人都能登上人生的金字塔，无论是鹰还是蜗牛。问题是，在这个世界上，许多人都是蜗牛而不是鹰。那么作为蜗牛的我们，要想站在金字塔塔顶，最需要的品质就是持之以恒。

有好奇心才有求知欲

随着孩子年龄的增长，他们的创造天赋却在一天天减少，这里面的原因主要在于，很多孩子的创造力都被循规蹈矩的父母在不知不觉中给扼杀掉了。最难驯服的烈马，往往可能就是最好的马。

孩子强烈的好奇心除了表现为好问之外，还表现为好动。由于孩子年幼好奇，其好动倾向往往会导致一些破坏性行为的发生。每当遇到这种情形，父母不能不分青红皂白就打骂、指责和惩罚孩子，或是声称再不给他买玩具了。而应正确处理，了解他的动机，耐心地引导、教育孩子，可以向孩子讲述玩具的构造原理和安装方法，并帮助他把拆开的东西重新装配起来，从而使孩子的智力得到更好的发展。对孩子的破坏行为，父母千万不要责备，否则对孩子可贵的好奇心是个致命的打击，会直接影响孩子创造力的发展。

一天，毛毛家的观赏鱼全部死了。全家人找了半天原因，原来是4岁的毛毛把牛奶倒进了鱼缸里。爸爸一气之下拎过毛毛就要训斥，吓得毛毛使劲往妈妈怀里钻。

毛毛的妈妈劝开了爸爸，悄悄地问他："毛毛，你为什么要往鱼缸里倒牛奶呢？"

"你们不是说牛奶最有营养，小孩子多喝牛奶可以身体长得棒吗？我想让咱们家的鱼也长得棒一点儿，所以就把自己的牛奶分给它们喝了。"毛毛小声地说。

爸爸听了毛毛的话,立即意识到了自己的错误,赶紧搂过毛毛说:"原来是爸爸错怪你了。"

毛毛的妈妈笑着说:"你看看,儿子多有想象力啊,为了让咱家的鱼长得更棒一些,毛毛都舍得把自己的牛奶分给鱼喝呢……"

第二天,妈妈为了让毛毛明白观赏鱼是不喜欢喝牛奶的,就特意给他买了几条小鱼一起做实验。小鱼在有牛奶的水里不爱活动了,可是一换了干净的清水,鱼儿便开始快乐地游动起来,毛毛在实验中亲自感受到了观赏鱼是不爱喝牛奶的。

一次原本具有破坏性的活动,最终增长了孩子的知识。毛毛的妈妈说:"孩子虽然弄死了几条有价值的金鱼,但他却从中学到了新的知识,丰富了生活经验,这些都是他今后生活中的财富,这才是最难能可贵的。在毛毛'搞破坏'时,他学会了思考,增长了智慧,我们应该为孩子的进步高兴才对啊!"毛毛母亲的这些话显然是非常有道理的。

孩子爱"搞破坏"是他们对事物探求的一种表现,是创造性萌芽的基本体现。从孩子一出生,他们就带着强烈的好奇心来到了这个世界,他们对周围的事物充满了新鲜和好奇,他们要用自己的双手来探求这个神奇的世界。不少发明家,像爱迪生一样,在幼年的时候也常被人们称作"破坏"家,他们搞的"破坏"也常让父母头痛、老师生气。可是,正是这些淘气的家伙,凭借着他们对周围事物的好奇心,努力地探求着日常生活,长大以后最终成为知名的大发明家,在人类的历史上留下了辉煌的业绩。如果我们给予孩子合理引导,那么就能从小培养孩子的求知欲望,帮助他们养成勤于探索的习惯,为他们今后做出创造性贡献打好坚实的基础。

正确对待孩子的好奇心,包括正确对待孩子提出的问题和正确对待孩子因好奇而导致的破坏行为两个方面。

首先要正确对待孩子的提问,由于孩子的好奇心理,知识面狭窄,生活经验简单，他常常会提一些幼稚的、甚至让人捧腹大笑的问题。对于一个你觉得简单的、已作答的问题，他会刨根问底，问了一遍又一遍，不厌其烦，让人难以招架。孩子好问是好事，但要满足孩子的好奇心，让孩子得到满意的回答却是件难事。这就要求我们讲究对待孩子提问的艺术。

鼓励孩子提问，启发孩子提问，不要讽刺、嘲笑。一个孩子好问，说明他好奇心强，求知欲旺盛，父母要对他进行赞扬和鼓励，并及时、正确、通俗地作答。父母如果忽视孩子的提问，对孩子的问题置之不理，甚至嫌孩子烦，就会导致孩子不敢或不愿再提问，对周围的一切都失去了好奇与热情。

回答孩子的问题要有启发性。对于定向性的问题（如那是什么？这叫什么？）可以直接回答孩子，但对于有逻辑关系的以及其他较复杂的问题，父母要注意引导孩子去思考，让孩子用自己已有的知识经验，通过观察和总结找出答案。

还应该注意一点：如果孩子提出的问题父母也不知道答案，父母千万不要"不懂装懂"，信口开河去哄骗小孩。应该如实告诉孩子："这个问题我也不知道答案，等我查了书或问了别人再告诉你。"事后，父母要言而有信，尽快把正确答案告诉孩子。

有人说孩子天生就是个创造者，因为他们生来活泼好动，不被各种各样的规矩所桎梏，他们敢于打破常规，不按照成年人的模式去思考问题，所以他们常常会创造出与众不同的事物来。

六

精神好，朝气蓬勃人见人爱

> 一个孩子精神好，朝气蓬勃才能人见人爱。但现在的一些教育方式，导致很多孩子未老先衰，使得有的孩子就像小"大人"似的，失去了原本该有的活泼和朝气。父母和老师应该积极教导孩子，走出分数的误区，还孩子一个朝气蓬勃的时代。

让孩子学会为自己负责

安娜小时候经常不肯按时起床,无论父母催促多少遍都不起,每次叫她的时候她都赖床,等快要迟到了就向父母抱怨:"你们怎么回事,也不早点儿叫我,如果我迟到了,老师要批评我的。"

为了这事,安娜的爸爸想了好多办法。有一天,安娜爸爸对女儿说:"上学是你自己的事情,从明天早晨开始,该几点起床,你自己上闹钟,你要是不起床,你就睡着吧,你睡到中午我们也不会来叫你的。"

女儿知道爸爸说到做到,而且,安娜爸爸还嘱咐妻子不要去叫女儿起床。那天晚上,安娜早早就把闹钟调好了。第二又早上,闹钟一响,她就马上起床了。从此以后,孩子养成了对自己负责的态度。

在现实生活中,父母要试着把孩子生活中的每一项责任都放到他自己的身上,让孩子自己承担。当家长要孩子记住做某事时,与其经常提醒他,还不如让孩子自己记下要做的事情,这样孩子也会慢慢学会对自己的行为负责。

父母应该让孩子明白自己的行为会产生什么后果。只有让孩子懂得自己的行为将会产生什么后果,他才会对自己的行为负责。

生活中孩子犯了错误时,父母通常会有两种态度:打骂不休,或者袒护溺爱。这两种方法的后续动作都一样,即由父母来为孩子的错误买单。这两种做法显然都是错误的,要培养孩子的好习惯,就要让孩子学着为自己的错误负责。

比如,当孩子遇到麻烦的时候,父母应该说:"这是你自己选择的,你想想为什么会这样?"而不要对孩子说:"你已经努力了,是爸爸没有帮助你。"这虽然只是一句话,却反映出了你的观念。如果你无意中帮助孩子推卸了责任,孩子将会认为自己无需承担责任,这对他以后的人生道路是很不利的。

也就是说,不论孩子有什么过失,父母都应当让孩子自己承担后果,以便孩子能够正确认识自我,积极地进行弥补和改进。

一般说来,孩子有了过失的时候,恰好是培养孩子责任心的良机。因为一个人知道自己犯错的时候,内心都有一种接受惩罚的准备,这是一种心理需求,为自己的愧疚承担责任,取得心理平衡。因此,我们认为不论孩子有什么过失,只要他有一定的能力,就应当鼓励他承担责任,这才是现代父母的教育理念。

管孩子如果只是一味地打骂也许能让孩子改正毛病,但这样管教很可能伤害孩子的心灵,而最有效的方法还是应该指出孩子的错误,产生或即将产生了怎样的后果,鼓励孩子为这个后果负责,承担过失,培养孩子的责任心。其中,重要的是一定要树立起家长的威信,坚持原则,不屈从于孩子的无理要求,同时也不要惩罚孩子,给孩子一个为自己的过失承担责任的机会。

在现实生活中,经常有这样的事:如果小朋友闯了祸,家长大多会为他们收拾残局。比如,孩子洒了牛奶,家长就会一边拖地一边指责孩子。这说明了一般家长常有的"孩子做错事,家长应负责"的不正确的观念。

他们认为孩子还没有承担责任的能力,因而替代他们善后或道歉。这种管教方式,对孩子只能是有百害而无一利。对于能够分辨是非的孩子,家长应使他树立自己的事情自己负责的观念,家长只需要在旁协助提醒。只有让孩子从小树立责任感,将来步入社会后,他才会敢于承担责任,并成为富有责任感的人。

这天,健健的妈妈带着他到邻居小双家去做客,大人们在客厅里喝茶聊天,两家的小朋友在一边玩,把玩具撒得满地都是。

忽然，传来了孩子的哭声，原来是健健弄破了小双心爱的玩具，两个孩子起了争执。

这时，健健的妈妈马上代替孩子道歉："噢，小双不哭，是健健不乖，我替他向你赔不是！给你重买一个新的好吗？"

而小双妈妈则先了解清楚事件发生的原因，再告诉自己的孩子说："小双，向健健道个歉，请他原谅你。看看能不能帮他把那辆火车修好。"

接着便具体告诉孩子怎样做，并让他立即实行。小双妈妈的这种行为，也就是向他灌输了应对自己行为负责的思想。

这两种教育方式孰优孰劣，不辩自明。

要知道，没有原则的家长不能使孩子养成对自己负责的习惯。一味替孩子向人道歉，而不让孩子做事来弥补过失，孩子也就不知道是否应该负责任。代孩子道歉会削弱孩子内心应有的责任感，也使他丧失了自己独立处事的机会。

孩子多以自我为中心，所以一旦出了差错，往往推脱说："不怪我，都是他不好……"

他们以此为借口逃避责任。所以家长一定要改正孩子的这种坏习惯。如果孩子将全部责任都推卸到他人身上，家长应该让孩子明白自己和他人的立场不同。告诉他："如果你是他，你又会怎么做？"提醒孩子改变立场看事情，他不但会发现自己也应负责任，而且会反省自己敷衍塞责的行为是不对的。

总之，只有从小就训练孩子冷静地从他人的立场来分析，他们长大后才能设身处地为他人着想，成为坚毅、负责、体谅他人的人。

如果不能让孩子理解种什么因收什么果的道理，孩子就很难真正改掉错误。只有让孩子学着为自己的错误负责，孩子才能吸取教训，逐渐养成好习惯。孩子只有学会了对自己的事情负责，才能逐步地发展为对家庭、对他人、对集体、对社会负责。

别让孩子轻言放弃

田中角荣是日本的一位前首相。他小时候生活艰苦，但是他还是克服了艰难和困苦，最终达到自己事业的顶峰，成为日本首相，这些都是因为他有面对困难的乐观态度，和永不言败的自信心。

田中角荣在两岁的时候，有一次高烧不止，持续了好几天。高烧好了后，他留下了长期咳嗽的毛病。这以后，不停的咳嗽常常使他说不完整话。这样一天天地，他就落下了口吃的毛病。

有一次上课时，有个同学在下面说话，老师误以为是田中角荣在扰乱课堂秩序，就对他说："你不愿意听课就出去，不要在这里影响课堂秩序。"

田中角荣急了，站起来说："不——"他想说"不是我说话"。结果一着急说不出来，说了好几个"不"字。老师生气了，说："不什么啊？你还真不服气啊。你给我出去。"这下田中角荣委屈得直掉眼泪。

在回家的路上，同学们也因为这件事嘲笑他。回到家后，田中角荣气呼呼地坐着，谁都不理。他妈妈一看，心想：这孩子肯定是在外面受了什么委屈了。他妈妈了解了事情的经过后，出人意料地笑了："孩子，有什么好气的。好好练习说话，总有一天，你能清楚地表达意思的，到那时，就再也不会有人嘲笑你了。"

"改掉口吃？"田中角荣一听就泄了气"我一喘气就咳嗽，怎么改掉口吃呀。要能改我早改了。"

"你要对自己有信心。孩子，有比别人更强得多的信心就是你胜过他们的最大的资本。所以你要靠自己纠正口吃。我知道你一定能够克服这个毛病的,只要你坚持,孩子,妈妈相信你一定可以的。加油孩子!"

田中角荣一下子明白了自己该怎么做。从此,他每天早上起来练唱歌、练发声,练上一个小时才休息。在课堂上,在家里,他都不停地练习朗读课文。

一个有了好几年口吃习惯的孩子,想要变成能正常说话,难度可想而知。很多时候,练习了很久都没有明显的进步,田中角荣都想到了要放弃。

每当这个时候,妈妈的话都会在耳边响起:"只要坚持,就一定能成功。"

靠着妈妈的鼓励,田中角荣坚持锻炼自己的说话能力。功夫不负有心人。几年过去了,田中角荣不仅可以流利地说出自己想说的话,还大大提高了语言逻辑能力和思维表达能力。后来,他不仅在任何场合都能流利地表达自己的想法,而且,还成了万人瞩目的首相。

做事不能坚持到底是很多孩子都有的坏习惯。许多家长都抱怨自己的孩子缺乏坚持性,做什么事都没有长性:刚吃饭时很香,没吃两口就东张西望;积木搭了一半就丢在地上不管,做起事来一拖再拖。想法也总在改变,今天想打乒乓球,明天发现象棋更有意思,后天看了科幻小说又想当科学家。

坚持是自控能力的一个方面,缺乏坚持性、思想易变是孩子尚不成熟的表现,也是儿童们都存在的弱点。但是随着孩子年龄的增长,孩子的坚持性就会拉开档次。家长们总是信誓旦旦地说,不让孩子输在起跑线上,但过不了几年,那些曾经位于同一起跑线上的孩子,在前进的过程中会渐渐地拉开了距离。究其原因会发现一个事实,就是家长在孩子们坚持性的培养与发展上存在着差异。不少孩子稚嫩的心中不乏雄心壮志,但如果不是着力于坚持性的培养和发展,他们就经不起主客观各种因素的干扰和引诱，就会出现或半途而废或望洋兴叹的结果。久而久之，便会积淀成一种思想上的巨人、行动上的矮子。

孩子是否具有坚持性，对孩子的一生具有很大的影响。许多人一事无成，不是因为缺少能力，也不是因为缺少学识，只是因为缺少自控能力，缺少坚持到底的精神。

而那些成大事者，大都具有很强的自控能力，不管环境怎样恶劣，条件怎样苛刻，他都能够坚持下去。无论做什么事，只要能够坚持，不断努力，就一定会胜利，甚至当你觉得必败无疑的时候，也有成功的希望。

1973年4月里的一个周末，这是郎平值得记忆的一个日子。北京工人体育场业余体校排球班的老师来学校挑选队员了。已升到了六年级的郎平，因身高而被选中去参加测试，这消息使她的心头掠过一阵喜悦。经过严格的测试和选拔，身高1.69米的郎平榜上有名。

从这一天起，排球闯进了她的生活，与她结下了不解之缘。排球班的训练从6月份开始，一直练到了骄阳似火的8月份。起初，训练的内容还让人感到比较轻松，可后来，难度随之加大起来。在与排球最初接触的日子里，郎平经受了体质与意志的考验。一些队员产生了畏难情绪，甚至败下阵来。

特别是当初与郎平一块参加训练的同班同学小陈，也已偃旗息鼓。她对郎平说："虽说咱俩在学校里都酷爱体育，可这么大运动量的训练，我可从没经历过。我父母可不愿意让我受这份罪，每天累成那样，他们可心疼了。"

在以后的时间里，郎平都是独自一人去体校。枯燥、乏味、艰苦的训练，也曾使她产生过动摇，可每当此时，父母就叮嘱她："平平，吃点儿苦算什么，你既然喜欢打排球，就不能半途而废。"

郎平始终不忘父母的鼓励，顽强地坚持下来了，并且凭着自身良好的条件和素质，凭着突飞猛进的球技，从短训班到长训班，成了北京工人体育场业余体校排球班的一名正式队员。

郎平对排球情有独钟,她参加了排球队,参加训练时肯于摔打拼杀,弄得一身泥土也不在乎。她比一般女孩子能吃苦,没有一点儿娇气。有时练接球练得两臂红肿,她仍能咬牙坚持。

郎平性格上的淳朴、坚毅和执著越来越鲜明地表现出来,她迈向成功的步子也越来越坚实了。凭着自己始终不渝的韧劲儿,经过顽强的努力,终于成了群芳之冠,以最佳的人选进入了她日思夜想的北京队。

从此,她向着顶峰开始了新的攀登。

1978年,郎平参加全国排球甲级队联赛,崭露头角,被袁伟民教练看中,进了国家队。经过刻苦磨练,她成了"世界三大扣球手之一"。出色的高位拦网和落地开花的扣杀技术,让世人为之惊讶。

不经一番风霜苦,哪得腊梅扑鼻香。人生之路向来坎坷崎岖,如果我们作为家长的,不给孩子实施挫折教育,那么他们长大后就无法应付各种困难。从小培养孩子做事有始有终,坚持到底的个性和习惯,会让他们在未来的生活道路上比别人更容易成功。

平庸的人和杰出的人,其不同之处就是看能不能坚持。坚持下去就是胜利,半途而废,则前功尽弃。如果你的孩子从来就是有始无终的人,也不要气馁,这时作为父母的我们就要鼓励孩子多经历一些磨练,在磨练中增强坚持到底的信念,来弥补这点不足。

脚踏实地,才能成功

一个初秋的傍晚,一只蝴蝶从窗户飞进来,在房间里一圈又一圈地飞舞,不停地拍打着翅膀,它显得惊慌失措。显然,它迷了路。

六 精神好，朝气蓬勃人见人爱

蝴蝶左冲右突努力了好多次，都没能飞出房子。

这只蝴蝶之所以无法从原路出去，原因在于它总在房间顶部的那点儿空间寻找出路，总不肯往低处飞——低一点儿的地方就是开着的窗户。甚至有好几次，它都飞到离窗户顶部至多两三寸的位置了。

最终，这只不肯低飞一点儿的蝴蝶耗尽全部气力，奄奄一息地落在桌上，像一片毫无生机的叶子。

低飞的蝴蝶才能飞出开着的窗子。目标稍微下调一点儿，稍微脚踏实地一点儿，眼前定会海阔天空，风光无限。很多时候，我们所缺少的就是下调一点儿的勇气。

但是，在现实生活中，有很多人就是不愿意把目标调低一点儿，总是以为自己比谁的能耐都大，没有自己做不成的事。但真到做事遇到困难的时候，就会马上改变主意，从来不肯脚踏实地地去做好一件事。包括许多孩子也是这样。现在的孩子生活在一个五彩缤纷的世界里，各种新奇的东西多如牛毛。孩子很容易被吸引过去而分散了精力，对于学习当然也就不能专心致志、全神贯注了。这就出现了"身在曹营心在汉"的现象。抱着这样的态度去学习，又怎么会有良好的效果呢？所以，学习必须克服浮躁，脚踏实地。

国学大师陈寅恪在一次演讲中送给学生这样一句话："心有浮躁，犹如草置风中，欲定不定。"他以此告诫学生学习不能浮躁，要自定心神，集中精力专注于功课，才能有所进步，也才能取得成就。

如果父母发现自己的孩子有浮躁心理，学习不能脚踏实地，就要想办法帮助孩子克服。以下几点建议或许会对您有所帮助：

首先，父母要为孩子营造一种宁静的学习氛围。由于外面的世界的确非常精彩，孩子难免会受到影响，从而使自己无法专心学习。这就要求家长一方面注意防止孩子受那些新奇古怪的事物的影响而分散了学习的注意力；另一方面要主动为孩子营造一个少诱惑、少干扰的安静的学

· 123 ·

习环境。

其次，帮助孩子调节心理状态。当发现孩子心情烦躁的时候，可以让孩子先把学习放一放，或听听音乐，或看看电视节目，也可以带孩子出去散散步，以减轻他心理上的压力，使他的心情平静下来。这样，就会使孩子心无旁骛，专心学习，浮躁的心情自然也会消失了。

再次，家长要正确引导孩子的好奇心。没有哪个孩子不具有强烈的好奇心。好奇心可以促使孩子探求新事物，培养思考和解决问题的能力。但是，如果家长不正确引导，孩子的好奇心有可能发展成为使孩子产生浮躁情绪的根源。家长不能任由孩子的好奇心随意泛滥，而要把他们的好奇心引向对事物、对问题的深入探讨中，让孩子对深层次、更本质的内容产生好奇，从而锻炼孩子的思维能力，提高思维水平。

学习也好，生活也罢，都来不得半点儿浮躁。如果一个人浮躁，容易变得焦虑不安或急功近利，最终会失去自我；一个国家浮躁，往往会导致无节制地扩展或盲目发展，最终会没落。只有静下心来踏踏实实做事，才不会被浮躁所左右。针对浮躁而言，"平平淡淡才是真"不失为一句金玉良言。其实，能够影响我们的不是事物本身，而是我们对待事物的态度。我们对待事物的正确态度应该是：平和沉静，脚踏实地；不以物喜，不以己悲。

远离怨恨

怨恨，是一种精神状态，有些孩子受一种恶意感的支配来对待生活。他们忍受着它的折磨，感受到自己的虚弱，不相信他们怨恨感的来源有任何改变的可能。舍勒相信"怨恨会仅仅冒个头，比如说你不可能

六

精神好，朝气蓬勃人见人爱

将它们付诸行动——既因为身体和精神的虚弱，又因为胆怯。那些极端情绪特别强大，不可能会马上受到抑制。"这种精神斗争往往酿成了"怨恨"和"中毒"的个性。这种个性后来发展到如此程度，以致怨恨最后几乎变成了享受那些来之不易的批评机会。受怨恨驱使的批评并不期待连根拔除它所认为的错事、坏事、或者罪恶；没有了这些缺点和错误，"谩骂和攻击所给予他的快乐"将不复存在。

人生活在世界上，大家各走自己的生命之路，难免有所碰撞；即使心地和善的人有时做事也难免伤害别人的心。当一个人的心灵受到别人损伤之后，不免对伤害者产生怨恨的情绪。

怨恨，是一种不易发觉的消极情绪，它正对你产生影响，实施折磨。那些客观存在的不良事件只会在当时影响你，而过后影响你的情绪的，是你的记忆和怨恨。当你怨天尤人的时候，绝不会发现自己的问题和想法改变未来，只是怪罪上天对你的不公。老天爷又拗不过你，所以你会更加怨恨，如此恶性循环。

抱有怨恨情绪的孩子，应该设法矫治。应该学会控制自己的情绪，或是找一种方式去排泄这种抱怨。

一个人身背重负是无法走远的，可是有的人却情愿将一块巨石压在心里，几年甚至几十年不肯放下，比如长期带有怨恨情绪。

如果几十年始终爱着一个人，那肯定是一件极幸福的事；如果将爱转为恨，并且是难以释怀，则是十分危险而且不明智的，因为这样，你便会让那个人在自己心里一直存活着，并且容忍他不断地带给你不愿回首的东西。这如同是在心里暗藏了一把刀，时常会刺痛自己原本脆弱的心。于人，不伤毫发；于己，痛彻肌肤。

我们身边不断有人把自己划入日益扩大的不幸者中的一分子，其实，在你选择了怨恨的同时，就等于放弃了幸福。因为有爱，所以我们付出努力，无怨无悔；如果心存怨恨，那么我们年老时必定是又怨又悔的,因为几十年的时光都只在怨恨中度过了。

从某种意义上说,作为心理感受,爱与恨的力量同样是巨大的。怨恨犹如一粒有毒的种子,放在心里时间越长,对自己的杀伤力就越大,甚至可能由于它的疯狂生长而左右我们正常的言行,最终付出惨痛的代价。正如许多曾经相爱的有情人"难成眷属"后,最终选择反目成仇。

很多惨案、很多矛盾、很多不悦都来自"怨恨",不管我们的理由如何,怀恨总是不值得的。潜留在我们内心里的侮辱,永难平复的创伤,都能损坏我们生活中的许多可爱的事物。怨恨就像毒害我们的血液、细胞的毒素一样,影响、侵蚀我们的生命。

怨恨也会造成意外事件。交通问题专家说:"发怒的时候永远不要开车。"心里总是惦记着丈夫如何不懂体贴的妇女,比起那些心里毫无杂思的妇女,更容易在家里发生意外事件。另一方面,爱与同情则有激发活力的作用。正如一位健康学博士所说:"宽宏大量乃是一副良药。"

(1) 认识怨恨的危害,怨恨者使自己失去欢乐,损害健康。要知道,怀有怨恨情绪,受害者往往是怨恨者自己,而不是被怨恨的人。

(2) 要正视怨恨的存在,许多人都把怨恨隐藏在心底,不愿公开承认自己怨恨别人。但怨恨实际上是在损伤着人的情感。承认怨恨的存在,就等于强迫自己,对灵魂施行手术,这样才能根除怨恨这块心病。

(3) 让过去不愉快的事过去吧,沉湎于个人恩怨的回忆之中,勾起不愉快的事,可以积怨记恨;不如让过去的事情过去,争取获得未来的幸福。忘掉过去不愉快的事,压抑情绪就自然会消失了。消沉、憎恶、敌意、怨恨、报复。

(4) 要做到宽恕。去除怨恨的最佳方法是宽恕。要做到宽恕,就要将错事与做错事的人区分开来,要分析被怨恨者的长处和缺点,以及他做错事的具体条件,体谅做错事的人的处境。埋怨错事,但不抱怨做错的人。只要宽恕了,怨恨也就烟消云散了。

六

精神好，朝气蓬勃人见人爱

怨恨是一种不好的情绪，它会让你觉得世界很不公平，而这也许是人类喜欢强调公平竞争的原因之一。科学家认为，希望得到和他人一样的公平待遇，是人类特有的一种想法。怨恨是一种有明确的前因后果的心灵自我毒害，这种自我毒害有一种持久的心态。

走进人群，远离孤独

人的某些情感缺陷会阻碍人与人之间的吸引，妨碍人际关系的协调与合作关系，是社会心理学家的研究成果早就证明了的。比如：不尊重别人的人格，对生活和他人缺乏感情，过分自卑，具有偏激情绪与猜疑性格等等。而在这些情感缺陷中，又有一种常为孩子所患，对孩子健康成长影响很大的缺陷：孤独感。

孤独感在人的思想上、行为上的体现，大致有两种类型。一种是因为客观条件的制约，长期脱离人群的"有形"的孤独；一种是身处人群之中，但内心世界却与生活格格不入而造成的"无形"的孤独。有一种"有形"的孤独，就是远离亲人朋友，在生活之余没有与更多的人相互交往的机会，没有丰富多彩的精神生活，不免有时感到寂寞，感到孤独。但是，他们虽然远离城市和亲人，从事的却是与人们幸福息息相关的崇高的事业，虽然"孤独"，却意义非凡，因为正是他们的孤独换来了更多人的欢乐与幸福。所以，这种"孤独"是值得称道的。

而由于内心世界与生活有距离所造成的孤独感，却是十分有害的。人是社会化的高等动物，人区别于其他一切动物，最根本的就是因为人过得是社会化的生活。因此，人的一切，包括思想、学识、才能等等，只有在社会生活这个意义上才存在，才能得以发展。

我国曾放映过一部名叫《中锋在黎明前死去》的外国影片，电影说的是某国家有一个著名足球中锋，他在世界足球大赛中表现极为出色，带领自己的球队赢得了一次次的胜利。可后来，他被一位百万富翁看中并高价"买"了去。中锋在富翁家里享受着优裕的生活待遇，但是却失去了驰骋绿茵场、施展身手的机会，只是与另外两名被买来的物理学家和舞蹈家一起，被闲置在富翁的一所豪华别墅里，全部的作用，是作为"展品"以满足这个富翁的虚荣心和占有欲。中锋没有球踢，整天生活在一种难以忍受的孤独之中，终于在默默的忧郁中死去了。这个故事剖露了资本主义社会里不平等的人与人的关系，揭示了资本家惨无人道的贪婪。同时也说明了一个浅显的道理，这就是人是不能脱离"社会"而生存的，离开了社会生活与人际交往，人的本性与人格都不能保持完整。许多报纸杂志一再报道过的"狼孩"、"熊孩"和野生孩的事例，都说明了这一点。

　　社会学、人类学和心理学的研究表明，人的健康而又完整的精神面貌，是在人际交往当中形成的；人也是通过人际交往认识自己、评价自己和改变自己的。一个长期被孤独感笼罩的人，精神受到长时间的压抑，不仅会导致自己的心理失去平衡，影响自己的智力和才能的发挥，也会引起人的心理上、思想上的一系列变化，产生诸如思想低沉精神萎靡，失去进取心和生活的信心。

　　大多患有孤独感的孩子，并不是自己情愿离群索居、孤身独守的。他们有的是在坎坷难行的人生路上遇到了伤人肺腑的痛苦，因而或嗟叹人生艰难，埋怨命运刻薄，或痛恨世态炎凉，咒骂人心虚伪；有的是感到自己怀才不遇，知音难觅，得不到别人的理解，因而也不愿去理解别人，不如独处一隅洁身自好；也有的是自己看不起自己，不相信自己，在人群中徒见别人风流潇洒、知识渊博，因而自惭形秽，悲观自己才貌平庸，才智低下，不敢也不愿意与人交往，境遇各有不同，其结果都大致差不多：把自己置身于孤独感的控制之下，陷入无边的伤感之中。

(1) 要求患有孤独感的孩子首先做个达观者。所谓"达观",一是对不顺心的事要想得开,就像人们常说的那样,要"拿得起,放得下";二要乐观,尤其在逆境中,在困难较多的情况下,要有一点儿乐观主义的精神,一方面眼睛要看得远些,另一方面步子迈得再扎实一些。

这是因为生活自有它发展的规律,不会随着人的主观愿望而转移,更不会因为人的消极回避、等待而自然而然地变得好些。倘若每遇到不顺心的事,都想不开,都拿不起,放不下,恐怕什么也干不成。孩子初入社会往往想做的事情多,而能够做到的事情少;开始做了的事情多,实际做成功的事情少。所以,思想豁达开朗些,心胸眼光放长远些,对孩子的身心健康十分重要。

(2) 应该抛掉伤感,投入集体的怀抱。鸟儿身上系上了铅块,难以飞上蓝天。一个人心理担有重负,必然影响自己的思想、学习和身体。在这种情况下,应该努力挣脱孤独感对自己的束缚,走出个人小天地,投入集体的怀抱,投入火热的生活。曾经有人这样问著名心理学家巴达斯小姐:"哪些是人类今天最基本及最深切的心理需要?"巴达斯回答说:"人类需要爱,但这不限于男与女之间的爱,从心理学家的观点看来,好人永远是快乐的。"脱离集体和生活,是无法得到爱的,把自己禁锢在孤身独处的樊笼里,得到的只有孤独而不会有快乐。就像一滴水,孤独地滴在石头上只能叹息着消失,而滴在海里则可以永远奔腾,只有热爱生活,才能感受到集体的温暖、同志的友爱,并坚定自己不断进取的决心与信心。

(3) 要勇于改变自己的不良性格特征和坏习惯。生活中,"金无足赤,人无完人",没有人是完美无瑕的,而自己也必须敢于承认并改正自己的弱点。一个人过于清高,往往让人敬而远之;过于高傲,让人望而生畏;小肚鸡肠也往往让人看不起;自私、刻薄、小气,也会招人生厌。自己有什么缺点，就应乐意接受别人的建议、帮助与忠告。有了改正自己缺点的勇气和行动，就能吸引朋友来帮助你，就能创造好的人际关系。同时，对别人有这样那样的毛病，也应该热心助人，不能因此把人看扁，嫌而弃之，离而远之。

"解铃还须系铃人。"当你感到孤独的时候，是因为关闭了自己心灵的门窗，只要勇敢坚定地打开心灵的门窗，让阳光和春风照拂着自己的心胸，孩子是不难摆脱孤独感的。因为，生活永远不会拒绝任何一个热切地爱慕着她、追求着她的人。

孩子必须要有良好的品德

现代著名教育家陶行知曾强调："道德是做人的根本。没有道德的人，学问本领越大，就能为非作恶越大。"因此，在家庭教育中，重视智力的发展无可厚非。但如果因此而忽视了对子女的思想品德教育，必将使孩子发展不和谐，甚至走向危险的境地。

智力的发展是品德发展的重要基础，但是，反过来，通过德育培养受教育者形成良好的品德，对其智力的发展便可提供强大而持久的思想动力，并把其智力发展和运用导向正确的方向。试想，如果孩子在德育过程中形成的品德的社会定向是偏颇的，甚至是错误的，那么，他对智力的发展和知识的掌握便不再是良好品德发展的基础，而可能导向坏的方向，成为其畸形发展以至于大肆犯罪的辅翼。

在人类当中，智力普通的人总是占大多数。普通的智力加上优良的品德，同样能造就人才。

希尔伯特本是个"笨孩子"，记忆困难，反应迟缓。但幸运的是，

六　精神好，朝气蓬勃人见人爱

他从父亲那里受到了良好的早期品德教育。母亲让他牢记康德的名言："世上最奇妙的是我头上灿烂的星空和内心的道德准则。"父亲严格培养他普鲁士的美德：准时、节俭、信守义务、勤劳、遵纪和守法。希尔伯特就是在这种道德力量的驱使下，逐渐成为了德国赫赫有名的大数学家。

也许有人觉得，有些人道德品质不好，个人修养难以恭维，身边不是同样有许多朋友吗？其实这种所谓"朋友"并非真朋友，而是"伪朋友"。别人与他交往不是冲着他的人品人格去的，而是奔着他的权势而去，是为了相互利用以达到个人的某种目的，充其量只是"势利之交"。一旦他丧失了权力地位，没有了利用价值后，那些所谓的"朋友"也就会弃他而去。所以说，要想收获真正的友谊，拥有真正的朋友，最终要靠良好的个人思想道德修养，只有用高尚道德修养赢得的友谊和感情才是真诚的，才会历久弥坚。

里根是美国历史上当选和就职时年龄最大的总统，也是最长寿的总统。他执政时期，美国经济迅速发展，是美国历史上持续时间最长的、没有经济衰退和经济萧条的和平时期。因此，他被看作是时代的巨人。

罗纳德·威尔逊·里根的父亲是个推销员，家境很困难。里根主要是靠奖学金和半工半读才完成大学学业的。大学毕业以后，里根先在爱荷华州做电台播音员。1937年进入好莱坞华纳兄弟电影公司当电影和电视演员。第二次世界大战期间应征入伍，在空军服役。退伍后重返好莱坞。在接下来的20年里，他共参加了53部电影的演出。后任电影演员工会主席、电影委员会主席。早年参加民主党。1962年改投共和党，并在政坛崭露头角。1966年至1974年连任两届加利福尼亚州州长。1980年当选总统，并获得连任。

很多父母自己没有成功，却能使后代享受成功的欢乐，里根的父母就是这样。他们给了里根一个再平凡不过的出身，却为他装备了绝不平凡的人生素质。从父母第一次把他推上舞台时起，里根就注定要成为真正的主角，因为父母的激励，给了里根打开事业之门的钥匙。

在里根很小的时候，母亲就喜欢给他读报纸上那些具有良好品德的人的故事。每次母亲讲完故事，总是重复那句话："孩子，一个人只有具有了良好的品德，他才能成大事。"而里根就在听的过程中，学习了读书，这让他的母亲十分惊讶，由此可见里根小时候的天赋和灵感。尽管如此，良好的教育却谈不上，但是自小经过磨炼的里根，却深深记得这些经历，他没有走向悲观，也没有走向失望，相反，他用自己的观察和意志，树立和自我培养了许多优良的品格，尤其是乐观和温和、自信、勇敢的精神。

里根小的时候，最喜欢做的事情就是把时间用在画卡通画和看书上，他最喜爱的书包括阿瑟王和骑士的故事传说等。里根还有一个爱好，就是看电影。他最喜欢的演员就是汤姆·密克斯，里根常常要把有限的零花钱积攒下来，用于看汤姆的电影。他常常拿一把扫帚当作麦克风，编故事给大家听或者做新闻报道逗大家玩。

尽管父母亲不能够给予他良好的教育，但是父母亲对他和哥哥还是比较严格的。如果里根犯了错误，就会受到严厉的惩罚。

里根也正是充分利用自己的优势，充分利用父母所慷慨赠予自己的不多的机会，一步步地走出困境，一步步迈向自己的方向。里根的父母限于条件不能够做到更好，但是他们还是传授给了孩子们宽容、公正、慷慨、忠诚和自制的美德，这些优良品质在里根有朝一日成为总统时受益匪浅，成为他在不利状况中克敌制胜的真正法宝。

由此可见，一个生活在社会上的人，需要发展多方面的品质和才能，但是他首先要学会为人处世，学会处理各种人际关系，学会做人。总而言之，即培养良好的品德。诚如法国学者狄德罗在论述文艺问题时说过的一句话："不要以为，学习为人之道而付出的劳动和光阴对于一个作家来说是白费的,从你将在你的性格、作风中建立起来的高度的道德品质里,散发出一种伟大、正直的光彩,它会笼罩着你的一切。"

孩子与父母、祖辈及同辈伙伴发生着最初的社会关系和道德关系,家庭生活的行为规范也是他最初接触到的社会规范,并以此为基础逐渐形成自己的一套行为方式习惯和道德信念体系,借以调节自己与他人的关系。家庭群体在孩子随后接受其他教育影响时发生着强有力的选择性作用,孩子在学校、社会环境中接受其他德育信息时,无不经由他们的家庭而不断得到补充、调整和扬弃。如果孩子从小就在家庭里受到良好的教育,以后学校教育就能顺利地进行;反之,如果孩子在学校期间发生困难,学校就需要花很大力气去矫正他的错误和缺点。家庭德育在培养人的品德方面,起着不可替代的奠基作用。这个基础如果打得不好,直接关系着孩子成为什么样的人。

在人际交往中,一个人道德品质和修养的高下,是决定与他人相处得好与坏的重要因素。道德品质高尚,个人修养好,就容易赢得他人的信任与友谊;反之,就难以处理好与他人的关系,交不到真心朋友。我们身边就不乏这样的人:有的人一事当前往往从一己私利出发,见到好处就争抢,遇到问题就相互推诿,甚至给别人拆台;还有的人看自己一枝花,看别人豆腐渣,处处自我感觉良好,盛气凌人。这些人生活中之所以难有朋友,归根到底,就是在自身道德品质和个人修养方面出了问题。

只有专注才能成就大事

专注是一种高贵品质,它决定着孩子的做事能力。作为父母,除了发现和挖掘孩子的天赋,并使之充分得以发展外,更为重要的是应该学会在教育孩子的过程中培养孩子的专注力。

其实，每一个孩子的头脑里都有专注的事物，只不过由于引导上的差异才导致了他们后天上的差异。孩子的好奇心都很强，可能对许多事物都会产生兴趣，但往往很难专注于某一事，浅尝辄止，结果可能一事无成。有些父母也存在浮躁心理，喜欢攀比，见别人的孩子学什么，也要让自己的孩子学，恨不得让自己的孩子知晓天下所有的知识、所有的技能、所有的特长。这使得孩子看起来什么都会，但却无专一之物，因此也就没有一技之长。

比尔·盖茨从小就欢快活泼，而且精力过人。他极爱思考，一旦迷上某件事物便会全身心地投入。在他还很小的时候，父亲就隐隐约约地感觉到他很有天赋，并且有一种酷爱钻研的精神，因此父亲总是有意识地为他创造良好的学习环境和条件。

小学毕业后，威廉·盖茨在选择送比尔上私立中学还是公立中学这个问题上非常慎重。由于比尔·盖茨在小学是一名不太安分的学生，因此威廉·盖茨希望他在新环境中能养成良好的学习习惯，并遵守纪律。于是，在征求了比尔·盖茨的意见之后，父亲将他送进了一所环境优美、师资力量雄厚、纪律严明的私立中学——湖滨中学。也正是在湖滨中学，比尔·盖茨的数学天分得到了进一步的发挥，而且开始痴迷上令他今后倾注毕生精力的电脑。

比尔·盖茨自幼酷爱数学和电脑，在湖滨中学是有名的"电脑迷"。保罗·艾伦是他最好的校友，两人经常在湖滨中学的电脑上玩三连棋的游戏。那时候的电脑就是一台 PDP—8 型的小型机，学生们可以在一些相连的终端上，通过纸带打字机玩游戏，也能编一些小软件，诸如排座位之类的，小比尔·盖茨玩起来得心应手，在程序上略施小计，就使自己座位的前后左右都是女生。1972 年的一个夏天，年龄比他大三岁的保罗拿来一本《电子学》杂志，翻到第 143 页上，指着一篇只有十个自然段的文章，对比尔说，有一家新成立的叫英特尔的公司推出一种叫 8008 的微处理器芯片。两人不久就弄到芯片，摆弄出一台机器，可以分析城市内交通监视器上的信息，于是又决定成立了一家命名为"交通数据公司"的公司。不过，两位少年的游戏很快结束了。1973 年比尔上了哈佛大学，保罗则在波士顿一家叫"甜井"的电脑公司找到一份编程的工作，两位伙伴经常会面，探讨电脑的事情，并于 1975 年共同创办了微软公司。

培养孩子的专注力十分重要。作为父母，应该知道孩子的专注力在哪里，并如何将它激发出来。

相信没有父母会不喜欢自己的孩子有更强的专注力，但究竟要怎样做才能培养孩子的专注力呢？

（1）以兴趣培养孩子的专注力。

父母对孩子的管教方式如果太严，孩子就会丧失信心，也无法集中于某一件事物上了。所以，找出孩子的兴趣所在，并鼓励孩子多接触，如此就能增加孩子对一件事的注意力了。

（2）尊重孩子的游戏时间。

孩子在游戏活动中，其注意力的集中程度和稳定性都比较强，因此，父母可以让孩子多开展游戏活动，在游戏中培养孩子的专注力。

（3）培养善始善终的习惯。

让孩子做一些力所能及的事情。在做事情之前，父母应让孩子懂得做这件事情的目的，并引导其做事的兴趣；在做事情的过程中，孩子如果遇到困难，父母要教育提高孩子克服困难的能力，使孩子具有一定的责任感。这样，孩子在做事情时注意力就会集中，并去克服一些小的困难。久而久之，就能培养孩子善始善终做完每一件事的好习惯。完成一件事的时候，父母要及时进行鼓励评价，孩子就会产生一种满足感、快乐感。

兴趣是最好的老师，因此也是产生和保持注意力的主要条件。人们在做自己感兴趣的事情时，往往会很投入、很专心，小孩子也是这样。孩子对事物的兴趣越浓，他稳定、集中的注意力就越容易形成。所以父母应注意培养孩子广泛的兴趣，并以此为媒介来培养孩子的注意力。他们的注意力在一定程度上直接受其兴趣和情绪的控制。因此，我们应该注意把培养孩子广泛的兴趣与培养专注力结合起来。

做人要有吃苦耐劳的精神

日本思想家福泽渝吉说："教育就是授人独立自尊之道，并开拓躬行实践之法。"又如陶行知所说：让孩子出自己的力、流自己的汗、吃自己的饭才是英雄汉。然而，缺乏自立和吃苦精神是今天许多孩子的通病，过分的娇惯，使他们形成了等、靠、懒的消极心理。我们不少父母"心太软，对孩子的一切要大包大揽"，进行"一条龙"、"全方位"、"系列化"服务，饭来张口，衣来伸手，白天接送，晚上陪读，直至填写志愿，如同温室中的花朵，患了"软骨症"，见不了世面，经不了风雨，结果孩子难独立，这种现象着实令人担忧。

作为华人首富，李嘉诚的成功无疑取决于他的自我拼搏和奋斗精神。除了这些自身的努力外，父亲李云经的影响是决不可忽视的。

李云经不仅教给儿子李嘉诚知识，更教给他做人的道理：做人要真、要善、要有骨气、有毅力，要吃苦耐劳。

中国有句古话："有志者事竟成。"立志是一种自我警醒，是一个人成就自我最关键也是最初的一步。李云经非常赞成这个久远的观点，从小就教育李嘉诚做人要有骨气、有毅力。对于这些，李嘉诚从小就铭刻于心，终身不曾忘却。

六 精神好，朝气蓬勃人见人爱

有一次，李云经领着小嘉诚到了汕头的海边。他一边指着港口来往如梭的巨轮，一边给李嘉诚讲生活的道理。李嘉诚一边似懂非懂地听父亲讲述，一边好奇地看着蓝天下波光粼粼的大海，看着万吨巨轮。他简直弄不懂这深深的水，怎么可能稳稳地浮着这么大的船，而且还是铁的，他太佩服船长了。他认为能让这么一条大铁船稳稳地浮在海面上的人，一定是个大英雄。于是他向着大海，向着那艘万吨巨轮喊："爸爸，将来我也要做大船的船长！"

李云经疼爱地抚摸着他的头发，高兴地说："好孩子，有志气！阿诚，做一个船长不容易，他必须考虑很多、很全面的问题。"然后，父亲又极其认真地告诉李嘉诚，"你看，现在天气很好，是难得的晴天。但是，出海后风暴来了怎么办呢？做船长的，就要提前想到，就要提前做一切事情。而且，阿诚要记住，做任何事情就像做大船的船长一样，既要预先准备好一些事情，又要随时准备应付突然来临的一切事情。"

深受父亲的影响，船的形象，船长的意识紧紧地伴随着李嘉诚奋斗的一生。李嘉诚喜欢把自己的人生比作一条船，把他的李氏王国比作一条船，所以，他很自豪地宣布："我就是船长，我就是这条行进在波峰浪谷中的大船的船长。"

成功必基于理想，没有理想绝不能成功，譬如登山，先须存念头去登，然后一步一步地走上去，最后才会达到目的地。如果根本不起"登"的念头，登的事实自然无从发生。

一个人想要取得成功，只有立志还不够，必须具有吃苦耐劳奋发向上的进取精神，李嘉诚令人钦佩之处就在于，他的首富地位不是父辈遗赠的，而是自己白手起家，靠拼搏和奋斗获得的。

因此，如何克服孩子身上的这些致命的弱点，如何培养孩子的独立自主和吃苦耐劳精神，是当前家教面临的现实课题。从李云经对李嘉诚的教育中我们可以获得不少有益的启示。

社会竞争，决不仅仅是知识和智能的较量，而更多的则是意志和毅力的较量，没有吃苦的精神和能力，是不可能在激烈的竞争中获胜的。各国父母普遍重视从小培养孩子的自理能力和吃苦精神。因为孩子将来面临的是市场经济社会，是一个处处充满竞争的社会，竞争要求每一个社会成员必须具备这种能力和精神。

爱孩子，就要把吃苦耐劳的思想注入到孩子的头脑中，就应该培养孩子吃苦耐劳的精神，只有这样才能提高孩子的素质，才能增强孩子的生活能力，才能培养出将来他们面对社会的勇气。

七
头脑好，机智幽默受欢迎

每个父母都希望自己的孩子头脑好，是最聪明的，但往往事与愿违。其实，孩子的智慧是可以培养的。只要耐心教育培养，相信你的孩子一定会成为一个机智幽默受欢迎的人。

小脑瓜考虑大问题

孩子的小脑瓜到底在想些什么呢？为什么这么想呢？这是孩子关注的问题，更是父母关注的问题。千万不要小看这些似乎很幼稚的思考，有些问题父母甚至都无法回答，因为这些问题直追本源，是纯粹而未被影响过的，这些思考这些想象力是孩子求知的动力、成长的方向。孩子从某一天的早上起来就开始他没完没了的"为什么"，你竭尽全力解答，直到被越来越快的"问题球"打得东倒西歪、无力招架。

不过，值得祝贺，因为推动孩子思维能力发展的大好时机到了！因为，孩子们已经有思考能力了。有时候，他也不知道自己在想什么，只是感觉好奇才问的问题。

对原因的探究正是理性思维发生的起点。作为智力的核心要素，思维能力是相当重要的。

水有源头，事有原由，万物都有起点，万事都有起因。追问原因正是孩子思想产生的原动力，是孩子进行思考与获得理性知识的途径。

追问"为什么"可以促进孩子不断地去思考，进而探求原因背后的原因，这是促进孩子思维的一个很好的办法。

对于孩子而言，无论做什么都要去培养与发展想象力。大科学家爱因斯坦说："想象力比知识更重要，因为知识是有限的，而想象力概括着世界的一切，推动着科学发展、进步，并且是知识的源泉。"

而孩子的想象力往往被父母用"幼稚"、"可笑"、"荒唐"等词语压制了、忽略了、扭曲了。因此，父母根本不了解孩子的脑瓜里到底在想些什么。要想了解孩子在想什么，首先父母要转变观念，转变自己的思维方式，为孩子的想象力喝彩吧！

想象力既然如此重要,那么,我们应该如何培养孩子的想象力呢?父母不要指望依靠抽象的说教培养孩子的想象力,这项工作只有在具体的活动中才可以有效进行。并且,越是对于幼小的孩子,这一点就越发明显。让我们来看看著名教育家卡尔·威特牧师怎样保护小威特的想象力。有一天,卡尔·威特的一位老朋友来家做客,他看见小威特正在用蓝颜色认真地画着一个大大的、圆圆的东西。

朋友问小威特:"孩子,你画的是什么呀?"

小威特回答:"一只大苹果。"

朋友又问:"可是,你为什么要用蓝色呢?"

小威特回答:"我想应该用蓝色。"

朋友对卡尔·威特说:"老朋友,你应该教教孩子。他想把苹果画成蓝色,你该告诉他这是不对的。"

老威特竟对朋友的"忠告"十分惊讶,反问这位朋友:"为什么一定要告诉他该用红色呢?我认为他画得很好,说不定他以后真的会培育出蓝色的苹果呢!至于现在的苹果是什么颜色,他吃苹果的时候自然会明白的。"是的,父母在孩子的生命中,充当的角色不是去扼杀孩子的想象力,而是给他们自由想象的空间。

那么父母应该怎样呵护孩子的想象力,并培养孩子善于想象的习惯呢?我们有以下几点建议:

首先,扩大孩子的知识经验,增加表象储备。创造需要原材料,没有相应的表象储备,有关的新形象是创造不出来的。因此,作为父母应让孩子从小尽可能地接触自然、接触社会、接触人世间的万事万物,以使孩子对尽可能多的事物产生基本的认识,在未来的想象活动中,使孩子拥有更多的事物形象来参与思维过程。

其次,重视和支持孩子的游戏。游戏是孩子的主要活动,每个孩子都喜欢游戏,在游戏中孩子的想象力能够得到很大的发展。我们常常可以看到女孩抱着娃娃、男孩坐在小木凳上开车，这时也是他们想象最活跃的时候，他们完全忘记了自己，而沉浸在妈妈、司机的角色中。因此，游戏时孩子玩得越好，想象力的发展也越好，父母应重视和支持孩子做游戏。

再次，讲一些孩子喜闻乐见的故事。孩子在听故事时，想象力特别活跃，他们头脑中不断出现故事中的人物、情景，想象着以后的情节。故事讲完了，有时孩子对结果感到满意，但有时他们不喜欢这样的结局，于是他们想象着新的结果，在这一过程中孩子的想象力得到了发展。

人类的幸福有一半以上来自想象的憧憬，人没有想象估计也不会得到幸福。贝鲁泰斯曾经说过："想象是人生的肉，若没有想象，人生只不过是一堆骸骨。"凡是年幼时充分发展了想象力的人，当他遭遇不幸时也有能力体验幸福；当他陷入贫困时也有能力感受快乐。可以说，世界上最不幸的人是不善于想象的人。

有想法的孩子更聪明

"举一反三"说的是一种创造性思维，不能举一反三，则不能做到知识的融会贯通，学习便成了"死读书"。"第一个把姑娘比作鲜花的人是天才，第二个把姑娘比作鲜花的人是庸才，第三个把姑娘比作鲜花的人是蠢材。"——不知道这句话是哪位名人说的。可见，优秀的人之所以优秀，就在于他们习惯于从新的角度去观察问题。

一次物理考试中，其中有一道题是"如果给你一只气压计，你怎样才能用它测量出一座大楼的高度？"由于快要交卷了，于是这个顽皮的男孩索性在试卷上写道："把气压计系在绳子的一头，从楼顶放下去，只需要测量它到达地面时绳子的长度就行了。"

物理老师阅卷时被这个颇具创意的答案气炸了。东东被叫到办公室，老师问他："这是你做出的答案？你没细心读过题吗？本题是问你'怎样使用气压计'。"

"好吧，老师，请再给我一些时间，我一定能找到更好的答案。"

第二天一早，男孩竟主动找到物理老师，说他发现了好些"切实可行"的测量方法，算起来居然有十多种。

老师十分诧异地看看他，问道："你究竟找到了哪些方法呢？"

"比如，可以像普罗泰戈拉测量金字塔的高度那样，使气压计直立于地面，当太阳光下影子的长度与气压计高度相等时，测量地面上大楼影子的长度就能得出它的高度。"

"另外，我还可以把气压计当重物，利用动滑轮将它吊到楼顶，用绳子的长度除以2。""还可以尝试把那只气压计干脆从楼顶上扔下去，利用重力加速度计算出自由落体坠落的高度。"

孩子一口气说完了十来种方法，老师听了问道："你既然可以想出这么多的'花招'，怎么就没有思考过我为什么一定让你使用气压计？"

学生笑了："其实我明白，你是要让我通过地面和楼顶的大气压差来得出答案。"

"对啊，你既然知道，为什么不早说呢？"

"我不愿意跟别人一样，这个答案太常规。"

"是想标新立异吗？"

"不是，是我发现所有的问题都不止一个答案。"

东东的这种创造性思维是在父母培养下养成的习惯，他的父母要求他解决每个题目要想出五种解答方法，而他却要求自己能想到更多。

试着寻找新的答案，这正是创造性思维区别于常规思维的一个重要特点。只有超越常规与传统，你的探索才会更有价值。

· 143 ·

对于一个学生来说，只靠简单的重复劳动取得自身学业的成功是极为困难的，只有不断开动自己的脑筋，坚持创造性学习，才能把书读好、读活，才有可能在学习上取得突出的成绩。

那么，我们该如何培养孩子的创造性思维呢？做父母的不妨尝试如下方法：

第一，为孩子创造良好的环境气氛。为了使孩子能自由活动，安心畅想，父母要为孩子提供友好的、愉快的、有鼓励性的、具有良好的心理气氛的环境。即使父母不同意孩子的想法和愿望，也应该让他明白：爸爸妈妈对这些想法和愿望还是重视的。应该鼓励孩子和父母对一些事情展开讨论。

第二，父母要为孩子提供能够发挥创造性的环境。给孩子足够的自由活动时间、空间和进行各种活动的材料，这是促进孩子创造性的必要条件。

第三，父母还要教孩子学会思考。由于发展思维能力是培养创造性的核心，所以要培养孩子学会思考、善于思考，让孩子在思考问题的过程中发展思维能力和创造力，启发孩子自己提问题。

第四，父母要利用一切机会和孩子交谈，通过交谈来激发孩子的思考。在和孩子交谈时，要尽量谈一些有利于孩子独立思考的问题，而不是代替孩子去思考。当孩子碰到问题时，父母可提一些具体建议，启发孩子动脑筋想办法。

一个学生的学习能力在很大程度上取决于其学习的创造性。创造性不是天赋决定的，它的获得完完全全来自后天学习与生活实践中的有意识的培养。每一个孩子都有可能通过系统的、持续的思维训练而具备超凡的创造力。东东是个聪明而且顽皮的孩子，在学习上，他从不认为一道题只有一个答案，而是尽可能地找出更多的答案。

七 头脑好，机智幽默受欢迎

智力是第一生产力

在孩子上学之前，家长教育和训练的方法要生动形象，具体直观。多带孩子参加各种活动，如郊游、参观博物馆、旅行等，丰富孩子的感性知识。在教学时，多用具体实物、玩具，或图片、幻灯、电视等直观手段，力求生动形象，并调动孩子的多种感官参加，加强孩子基本技能的训练。

孩子往往会有丰富的想象力，表现在游戏活动和讲故事中，游戏活动形式从低年龄的简单动作模仿，到高年龄的象征性游戏，如过家家，扮医生、护士角色等创造性游戏等，而象征性游戏和创造性游戏能力，在孩子5~6岁时达到高峰，在游戏过程中，儿童的思维活动和社会化角色的规则也很快地发展。从一定意义上讲，组织和引导好学前期儿童的游戏，要比教孩子认字、背唐诗宋词更能早期开发智力。

孩子思维活动的另一个特点，是儿童对事物的直观、具体的概括。虽然已能对生活中经历的事物进行正确的推理和判断，但由于缺乏生活经验，加上儿童记忆特点，往往会用自己的逻辑和过多的臆想进行推理和判断，得出不正确结论。

学龄前孩子的注意力，仍然以被动注意占优势，只有被动注意对象有色彩鲜明、外观生动形象时，才能引起儿童的注意。电视里播放的卡通片就具备这种特点，因此，卡通片最能引起学龄前儿童的注意和兴趣，从这一点来看，内容健康、人物活泼、视觉效果好的卡通片，不失为学龄前儿童教育的一种行之有效的辅助方法。

主动注意，必须克服外界环境的各种干扰，才能达到注意的效果，3~4岁儿童的注意时间仅为10分钟，而5~6岁儿童也不超过15分钟。

因此，在给学龄前儿童进行知识教育时要充分注意到这一客观规律，不宜长时间灌输，更不能要求儿童长时间注意学习的内容，否则，起不到任何效果。

孩子在上学前，无意记忆占优势，有意记忆开始萌发。以具体形象性和机械性记忆为主，抽象记忆相当不足。这个阶段儿童记忆的另一个特点，是把不同来源，或自己的经历、或故事中、或臆想到的内容，往往与现实情况混为一谈，心理学上称为浅臆记忆，父母往往会误认为孩子在说谎，实际上，这是一种正常现象，区分孩子是否说谎的关键，是要辨别出是幻想还是现实。

3岁之后，孩子的情绪体验已经非常丰富了，成年人能体验到的情绪，学前期儿童基本上已能体验到，如高兴、悲伤、愤怒、恐惧、紧张、害怕等，而且很容易表现在外露行为上，不像成年人那样可以控制自己的情绪。

焦虑和恐惧是孩子在这个阶段的不良情绪体验，对与家人分离、受到批评和伤害后，可能出现明显的焦虑反应；对想象的事物如黑暗、魔鬼、声音、幽静等，有明显的恐惧，尤其在电视、故事、谈论中看到或听到有关事例后，会更加明显。

随着自我意识的进一步增加，孩子的高级情绪活动，如同情心、孤独感、荣誉感、审美感、道德感、合作精神会进一步发展。儿童能讲出一些大人的话，时常使父母惊讶，有"孩子已经长大了"的感觉。

所以，只要父母和教师悉心观察，善于发掘孩子的特长，并加以培养，就可以在某一领域达到或超过常人的智力水平，从而提高孩子的自信心，激发他们的"第一生产力"。

一个人的能力最终体现在他的智力。我们不否认"科技是第一生产力"，但科技的发展怎么能脱离人的智力？归根到底，推动社会发展的最终动力是人的智力。让孩子拥有高度发达的智力，就等于给了他这辈子最宝贵的财富。

培养爱因斯坦那样的右脑

爱因斯坦是举世公认的天才，但他早期的发育比较迟，教师都认为他不可救药；而且他似乎并不太用功，投考苏黎世工艺学院失败，第二年重考，才勉强及格。

心理学家托马斯·勃莱克尔认为，他的天才，可能是因为他的左右脑发育速度不同。他幼时有阅读困难症，这可能是他的左脑的语言及逻辑功能发展比较迟。左脑发育迟，就使右脑有充分的发展机会了。

一般来说，大部分孩子左脑较右脑发育快，右脑是专管创意的机构，右脑有机会发展，才能逐渐追上左脑的发展速度，两者配合就会有较佳的机会。

用爱因斯坦本人的话来说，他是用视像和空间动作，而视像和空间动作都是右脑的功能。是发达的右脑成就了举世无双的爱因斯坦。

要开发孩子的右脑，有以下几种方法不妨一试：

（1）刺激指尖

有人把双手喻为大脑的"老师"。人体的每一块肌肉在大脑皮层中都有着相应的"代表区"，即掌管这块肌肉运动的神经中枢，其中手指运动中枢，在大脑皮层中所占的区域最广。让孩子练习弹琴，就是很好的指尖运动。随着双手的准确运动，就会把大脑皮层中相应的活力激发出来，尤其是左右手并用弹奏的钢琴、电子琴一类键盘乐器。

（2）借助学外语开发右脑

神经科学研究发现，儿童学会两三种语言，跟学会一种语言一样容易，因为当孩子只学会一种语言时，仅需大脑左半球，如果培养同时学习几种语言，就会"启用"大脑右半球的功能。

（3）体育活动法

每天练半小时的健身操，打乒乓球、羽毛球等。在拳术或做体操时，有意识地让左手多重复几个动作，以刺激右脑。右脑在运动中，随之而来的鲜明形象和细胞激发，要比静止时快，由于右脑的活动，大脑左半球的活动受到某种抑制，人的思想或多或少地会摆脱逻辑思维，灵感通常会脱颖而出。

（4）培养儿童形象思维的能力

要教孩子指物画画、指物说词。有时一些父母让很小的孩子背古诗，孩子能非常流利地背诵出：

"鹅、鹅、鹅，曲项向天歌。白毛浮绿水，红掌拨清波。"然而孩子没有见过鹅，也没有见过鹅悠然浮水的样子，这样只在左脑中留下一些文字符号，不利于想象力的开发。因此，应该到郊外、至少到动物园，在看到真实鹅的形象场景下学这首诗。然后教孩子再背诵这首诗，大脑中出现的不再是一些枯燥的文字符号，而会有生动的景象。

（5）借助音乐

心理学研究发现，音乐可以开发人的右脑，应当让孩子学习音乐。还可以在孩子从事活动时，提供音乐背景。音乐由右脑感知，左脑并不因此受到影响，仍然能独立工作，使孩子在不知不觉中得到了右脑的锻炼。

孩子的右脑是一处储藏丰富的宝藏，就看父母们会不会挖掘了。要想收到明显的效果，一要保持经常性，二要注意长期性，切不可三天打鱼两天晒网。不然，一不小心，你就可能亲手毁掉了一个小爱因斯坦。

七 头脑好，机智幽默受欢迎

学习音乐有助于促进孩子智力的发展

艺术不仅是一种灵魂的享受，更能提升人的个人修养。而对于一个孩子来说，让他融入艺术的世界，还有助于培养智力的发展。

相对论原理和原子学理论的权威爱因斯坦在小的时候曾经学过小提琴，且实力达到音乐家的程度。他曾在美国电台广播中说："我所以能成为一个学者，且有今天这样的能力，我要感谢孩子时代教我小提琴的老师及学习的环境。"

由此可知，音乐对于孩子教育的积极意义。孩子时代可以培养优秀的能力，当然并不是只有学小提琴才能培养，这里只是举例强调音乐所具备的独特魅力。

当然训练小提琴并不是一定要把孩子培养成为一个杰出的音乐家，只不过是训练他能头脑灵敏和性情善良而已。即使将来不成为音乐家，也不要感到很惋惜，只要他在这段时间肯用心学习，不管他将来从事何种行业或研究学问，一定可以发挥借此培养的优秀能力，顺利成功。

父母让孩子学音乐，无论是栽培音乐家、培育音乐气质，还是要孩子比自己缺乏音乐的童年过得更好，出发点都是让孩子更聪明而已。

其实，音乐的学习与年龄无关，主要在于是否曾付出时间去学，因此，不懂音乐的父母，与其送孩子去学，倒不如趁机跟着孩子一起学，除了借此与孩子共同享受知识增长的乐趣外，更可以自然地创造共同的音乐生活。

孩子能够在童年学到音乐固然很幸福，但随着年龄的增长、课业加重，往往会挤掉学音乐的时间，但孩子成人后，会从音乐的消遣中使生活更为充实、幸福。

大体而言，音乐能力的培养包含了听、唱、读、写、弹奏与创作六个项目，每个项目启蒙的时间，都与生理机能的生长有关。

胎教：学听力。根据教育专家研究，耳朵是所有器官中最早成熟的，早在胚胎时期就颇具雏形，因此胎教音乐主要就是以培养胎儿听力为主。

3岁：歌唱能力。歌唱能力是伴随说话能力而来的，大约三足岁就可开始有系统训练唱歌。

4~5岁：读谱能力。4~5岁小朋友已开始看书，同时也可开始培养阅读与书写乐谱能力。

5岁半：弹奏。乐器的弹奏，与每个小朋友手指肌肉发展有关，就像握笔写字，若过早开始，难免影响肌肉的均衡发育。一般而言，5岁半以后再开始，练琴的耐性会好些。

总之，培养音乐能力的方式很多，起跑点也不尽相同，父母可以根据自己孩子的成长情况，在0~3岁之间，培养孩子听音乐的习惯，3岁以后，便可以开始培养歌唱课程，培养读和写谱能力，大约5岁半以后，耐性和肌肉都准备够了，才开始增设弹奏的项目。

通过听、唱、读、写、弹奏与创作的学习过程，孩子自然地能循序渐进地跨入音乐门槛。

孩子学音乐，不仅不会影响孩子的学习成绩，甚至还会学得更好。

据美国一项以两年时间为期的研究调查发现，选修过音乐学科的学生，在大学入学考试中的智力、学力和性向测验中，语文和数学的成绩平均要比没选修音乐学科的学生高20~40分。

在中学时代参加过学校乐队或交响乐团的学生，进入大学的可能性也比没参加过的同学高52%。

更值得注意的是，洛克菲勒基金会发现，主修音乐的学生最有可能获得医学院的入学许可。

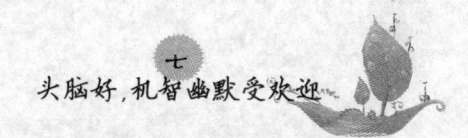

爱因斯坦曾有一句名言:"我的科学成就很多是从音乐启发而来的。"

从上面种种事实看,学音乐不仅可以影响学习成绩,而且可以促进智力的发展。

在众多的教育中,艺术教育对中小学生具有无可比拟的优势。它能更进一步地促进孩子智力的发展,提高孩子对情感的感受和体验能力,陶冶孩子的情操,提高孩子的文化修养,并能促进大脑两半球的协调发展,促进思维能力的充分提高。

拼图游戏是开发孩子智能的重要手段

在看待孩子的拼图行为时,可根据孩子的实际认知情况,将某个人物剪成三到四片,在孩子拼的同时,可以教孩子认识人体的各个组成部分。另外,为了增加趣味性,爸爸、妈妈还可以与孩子一起来比赛,各自拼一个图形,看谁拼得又对又快。

0~1岁:看图案。

0~12个月的孩子,还是在长身体的时候,活动的范围也有局限性,因此,这一时期比较适合给孩子看一些色彩鲜艳、线条清晰且比较大的图案,尽量选用红、黄、蓝、绿这四种原色的玩具和图形,为发展孩子视觉图像认知做准备。

1~2岁:玩拼装玩具。1岁左右的孩子开始会走路了,由于视野的拓宽,认识事物和图像的能力增强,认知能力也大大提升。这一时期,你可以给孩子玩一些简单的可拼装的立体玩具。市面上出售的一些过家家的玩具,比如:可拆分、拼装的萝卜等都是不错的选择。这类玩具可以帮助孩子从拆分到拼装的游戏中初步建立整体——局部——整体的概念，同时，也促进了手部小肌肉的运动与发展。

2~3岁：玩四片拼图。2岁，孩子的"正式"拼图就可开始了。建议你让孩子先从四片式拼图玩起。在选择拼图时，要注意拼图的图案、线条要大而清晰，颜色的区块要明显。具体说来有两个方法，让孩子边想边拼。

方法1：由易到难的引导。对于没有拼过图的孩子，你最好先向他演示将四片拼图拼成一幅完整图画的过程，并让他仔细观察最终拼出的图案。接着，你试着将其中的一片拼图移开，放在旁边，这样拼图就少了一片，然后让他观察移走的那片拼图的上下左右的边线和颜色特征，并让孩子尝试将这块拼图放回原来的位置，形成一幅完整的图画。当孩子已经能将移走的一片拼图放回相应的位置时，你则可以试着取走两片拼图，让他自己思考和解决问题。根据孩子的实际能力，你可逐渐增加难度，由移走两片到移走两片，甚至将四片拼图完全打乱，让孩子去拼。

方法2：启发式的引导。在孩子拼图时，你需要时时启发孩子的思考与观察，而不是帮孩子代劳。比如，你可以在拼图过程中提醒孩子：这片拼图的线条与那片拼图的线条能连在一起吗？这两片拼图的颜色相同吗？可以放在一块吗？找一找每片拼图的四条边与四个角，看看它们有什么不同的地方呢？这些问题都是孩子在拼图过程中需要仔细观察、思考并动手去尝试的，他会从中体会到：从边到角、从上到下、从左到右的对应关系和空间概念，这些对孩子的智能发展有很大的帮助。

对于孩子来说，一个拼图一般只能拼一次。一旦他会了，就会对这个游戏失去兴趣。因此，从经济、实用的角度考虑，自制拼图是最佳的选择。

首先，用破图画书做拼图。这时期，你会发现你给孩子买的图画书,他不热衷于"看",却乐于"撕"。因此,你不妨从孩子撕破的书页中挑选图像清晰、图案单一、最好只有一个动物或人物、色彩鲜艳的图画,将其剪成正方形或长方形、贴在硬纸板上,然后如"田字"剪成四小片,就是不错的自制拼图了。

其次,人物拼图。你可以从一些过期杂志、广告宣传单、书报中,挑选几个完整、清晰的人物或动物的形象,将图形按头、身体、腿、脚等剪成几片。在孩子玩的时候,将这些纸片打乱,让孩子拼成完整的小人。

拼图不但有利于孩子集中注意力和培养观察力,而且还有助于提升其图像认知、视觉空间、手眼协调的能力,是启发孩子智能的一个重要手段,你不妨带着孩子一起来试试看。

学书法和绘画能够增强孩子的想象力和创造力

据近年研究指出,儿童学习书法和绘画,不仅可以培养艺术才能,还可以培养感知能力、观察力、记忆力及形象思维能力。因此,让孩子学习书法和绘画确是一件有益的活动。应鼓励孩子从事学习书法和绘画。一般孩子透过有计划及有组织的训练,都能掌握书法和绘画的技巧。

不论大人或小孩,在写书法和绘画期间,他的心跳速率及指头的脉冲均减慢,表示出他们渐渐地进入身心和谐平静的境界,让孩子从小学习书法和绘画艺术,不仅可提高文化素养,而且对孩子的身心培养以及脑健康也是很有裨益的。

孩子从几岁开始学写字和画画,父母通常有认识误区,以为越早学就越好，其实不然。

书法和绘画都要手、脑、眼配合来完成。孩子如果太小，手的小肌肉和眼睛未发育成熟，手指不能很好地控制笔，协调性也较差。过早要求太小的孩子写字，笔难以按要求握好，会养成不良的书写习惯。而且过早长时间近距离用眼，会损害视力。

在学习书法和绘画的过程中，学习要由易到难，由浅到深循序渐进，以孩子能够做到为准则。太难的做不到的要求，会打击孩子的学习信心和兴趣。

那么，应该如何指导孩子学书法和绘画呢？以绘画为例：

开始的时候，用游戏的形式教孩子画点、画线、画圆圈。例如：下雨了，让孩子画线条、画点；又如：点蚊香、绕毛线球时，教孩子顺着一个方向画螺旋线，锻炼孩子的手腕肌肉。

在孩子掌握了线、圆圈、点的画法的基础上，启发孩子观察个别简单的物体，逐渐训练孩子能画出象征性的图形，用来表示一定的物体形象。由于孩子比较容易掌握画圆形，一般指导画简单的物体时，应该从圆形开始，如画苹果、糖葫芦等。再逐步过渡到四角形、长方形，例如画手帕、窗户等。

有意识地在日常生活中引起孩子对物体色彩的注意，培养对颜色的兴趣，逐步认识3～6种颜色：红、绿、蓝、黄、黑和褐色，并喜欢使用不同颜色的蜡笔绘画。

孩子刚开始学画画时，一般都不太敢大胆画。画的线条一般都很轻、弯弯曲曲，要鼓励孩子大胆地画，尽量画得大一些，最好每次都把纸画满。

孩子的绘画，基于孩子童真的视角，往往喜欢把无生命的东西画成有生命的东西，把静止的东西画成运动的东西，把毫不相干的东西混为一体，这种不受约束的表达，是孩子所特有的，也是最为宝贵的东西，有利于想象力和创作能力的发挥。

要提高孩子的书法和绘画水平和创作能力,应当引导孩子对自己的作品进行自评。实际上,自评的过程也是孩子对自己绘画意图重新梳理与反思的过程。同时,孩子在这个过程中的任何一个有价值的想法,都是进行再创造的灵感之源。虽然孩子对作品的评价很稚嫩、很不专业,但只要找到不足,发现闪光点,表达出孩子自己的真实感受就足够了。

学龄前的孩子学习书法和绘画,可以增强动手能力,养成注意力集中和有条不紊的学习习惯。父母要多鼓励,并一同参与,因为要孩子喜欢书法和绘画,父母先要喜欢,才能使孩子受到良好的学习气氛的熏陶。

提升孩子的创造性思维

创造力强的孩子,在人格特征方面,有其独特的地方。

研究结果显示,创造力高的孩子,都比一般孩子能够接受自我,自发自省,不拘传统,而且自信心也较强,但在社交方面则不太擅长。

除此之外,创造力高的孩子都比较缺乏防卫性。所谓防卫性是面对威胁的情景时,阻止焦虑产生的一种行为倾向。例如有一个孩子有某科考试不合格,对孩子来说这是一个具有威胁性的情景,他为了不让自己感到无能而产生不安和焦虑,于是便对自己说,一定是老师不喜欢我,以致给我不合格。这是一种防卫性表现,孩子没有正视威胁,承认自己的确比别人差。

而创造力高的孩子比较能够面对威胁的情况。

直觉性也是创造力高的孩子独有的特质,他们能很快地觉察事物的性质与功能，并能发掘更深一层的意义和价值。他们常有直觉的反应，并且喜欢利用一般常人想不到的线索和联想。

父母需要通过从小培养孩子创造性思维的方法，发展孩子创造能力。现提供几种途径：

（1）保持孩子的好奇心

好奇是发现新问题的前提，只有充满了好奇心的人，才能在平常的生活中发现新的问题。儿童的好奇心特别强，对于不理解的事情总是不断地提问题，喜欢刨根问底，这些都是孩子最初的探索表现，应当给予积极的肯定和培养。

（2）可以经由提问的方式，引导孩子进行积极的创造性思维

父母的提问要科学，引导要正确。多提一些挑战性问题，这些问题能帮助儿童创造出新颖的方法，促进发散性思维和解决问题能力的发展。如"这件事要办好，您要做些什么"、"我不知道是否还有另外的办法"等这些没有确定答案的问题。也可向孩子提出一些猜测性的问题，做猜测性的游戏，以鼓励儿童想出多种答案和办法。对于一些提问，不求孩子回答一个标准答案，而是希望孩子从不同角度来予以回答，以使孩子多动脑，开拓思路。

（3）培养孩子有主见，学会独立思考

父母应该让孩子有自己独特的见解，不人云亦云，如果孩子做什么事都依赖于父母，那么孩子的创造热情就会被窒息，所以，要鼓励孩子用自己的方法去追求、去探索。有创造能力的孩子喜欢用不同的方法进行思考，父母也要鼓励孩子积极独立地思考，向自己怀疑的事物挑战，向一切人提出问题。允许孩子以新的思维方法，进行不落俗套的探索和尝试。

（4）鼓励孩子自己编讲故事或给故事续尾，培养孩子的创造性思维

鼓励孩子自己编讲故事或给故事续尾，也是一种培养儿童创造性思维的好方法。孩子在讲述过程中，父母不必过多地过问情节，而可以通

过在故事中提问的方式,鼓励孩子去创作,引导孩子去思考。

培养孩子大脑的创造性思维可以帮助孩子面对未来复杂的社会,知道如何学习、选择及独立解决问题,而非事事依赖父母。

父母在培养孩子创造力时所必须注意的:不要轻易地批评孩子的意见;对孩子富有建设性的想法要加以鼓励,并给予正确引导;不要斥责孩子的错误和失败,要循循善诱地引导他们认识到如何总结教训,避免失误,怎样取得成功;不要给孩子以刻板的印象;不要对孩子唠叨不休;不要限制孩子太多的自由,要让他们有充分的想象天地;不要因为怀疑孩子的能力而事事代劳,最重要的是不要忽略父母的爱和关心。

孩子的创造力是脑健康的重要指标,这是一种在大脑中潜在的智慧,需要父母循循善诱,用科学的方法去开发它。

全方位地健全孩子的心智

孩童时期,孩子的智力迅速发展,主要表现在随意运动及口头言语的发展,观察力、注意力、记忆力及思维能力的发展,创造力的萌芽及发展,这时正是全面健全孩子心智的大好时机。

(1) 重视培养孩子的认识能力

孩子的认识能力,是他们认识周围世界、获得知识的重要条件。孩子认识事物的程度与范围,都与智力发展水平直接有关(包括观察、注意、记忆、想象、思维)。父母如能为孩子进入小学做好准备,注意发展孩子的认识能力,要比他们掌握知识本身重要得多,因为认识能力是获得知识、培养分析问题和解决问题能力的基础,是使孩子认识事物的无意性、不稳定性和兴趣性,向有意性、稳定性、抽象逻辑思维的过渡。因此，要使婴儿掌握知识和技能，必须注意发展孩子的认识能力。

（2）培养孩子的方位意识

早期培养孩子的方位意识，不仅能提高孩子的思维能力和动作协调能力，而且能给以后的入学教育打下良好的基础。

所谓方位意识，是指孩子对左右、上下等方向位置的认识。这种培养可以从日常生活中做起，简单易行。如早晨起床给孩子穿衣服时，可对孩子说："伸出你的左手，再伸出你的右手"；穿裤子时可说："先把右腿穿上，再穿左腿。"在取东西时，可以告诉他在桌子上边或下边、抽屉里边等；在带孩子游玩时，可教向左、向右、向后转等。这样孩子在日常生活中就轻而易举地可学到方位意识。以后随着年龄较大，可教更为复杂的空间概念。

（3）培养孩子的数学概念

数学概念的培养，要尽可能联系实际，进行形象生动的教育。数学概念的培养，可包括以下几方面：

①认识大小等概念，如大小、多少、长短、粗细、高低、宽窄，深浅、轻重等，要在孩子认识环境、认识自然的过程中，联系具体事物去认识，既生动又具体。

②认识形状的概念，如立方体、球体、方形、三角形、圆柱体等。

③认识空间的概念，如上下、前后、左右、对面、并排、远近等，逐步使孩子理解空间词汇的实际意义。

④认识时间的概念，如白天、晚上、上午、中午、下午、早晨、今天、明天、昨天及年、月、日、周、时、分、秒等。

⑤认识数目及10以内的计算，学会100以内的数数，了解数的实际意义，并学会10以内的加减。教孩子认读和书写10以内的阿拉伯数字。

（4）增强孩子对新奇事物的敏感性

对于孩子来说，世界的许多事物都是十分新鲜的，常可发现孩子被外界的事物深深吸引着的情况。孩子的这种好奇心，如引导得当，对提高孩子的观察力、学习新事物有极大益处。

对孩子的上述行为表现可从生理心理的角度探讨。心理学家发现，当人们遇到新奇、意想不到或对个体本身极具意义的事物时，便会产生一连串的变化，如行为上的转头面向刺激来源，停止正在进行的活动等等，如心理上的心跳速率下降、皮肤导电性下降、眼球瞳孔扩大、脑电波改变等等。这一连串的变化，心理学家统称为"导向反应"或"导向反射"。

这种"导向反应"的主要功能是增进个体对新奇事物的敏感度，以便使个体对这事物有更深的认识。例如眼球瞳孔扩大，是为了更看清事物的外形；皮肤导电性下降是增加皮肤的触觉能力等等。孩子被外界的新奇事物吸引了注意力时，常会提出一些问题，能够给予正确回答，有助于提高孩子观察新事物的能力。

（5）多动手让孩子更聪明

手指的触觉灵敏度最高，管辖手指的神经中枢在大脑皮层功能区域面积最广泛，仅大拇指的运动就几乎相当于大腿运动的10倍。若手指经常活动，不仅能促进大脑发育，而且能增强大脑的思维能力。

从孩子时期开始，父母就应该有意识地让小孩自己动手做些事情，如洗手洗脸、用勺或筷子进食等；孩子稍大些可以教他们拍皮球、剪纸、叠纸等；入学后让孩子自己削铅笔、剪指甲，以及扫地、浇花。有条件的可以教孩子弹钢琴。

国外的一位学者即指出："儿童的智能在他的手指尖上。"以削铅笔为例，至少要牵动手指、手掌、手腕、前臂、上臂30多个关节和50多条肌肉的运动，需要两只手的配合，加上注意力的高度集中才能完成。所以它是对大脑的一种很有益的锻炼，它能激发大脑中那些特殊的、积极的、富于创造性的区域，促进孩子聪明才智的发挥。其他动手的动作也是如此。

以上几点大致囊括了孩子心智发展的几个主要方面，但若想培养出一个健全、聪明、活泼的孩子，父母们所要做的工作还远不止于此，更多的内容后面会慢慢讲到，父母们一定要做好准备。

在实际生活中，不少父母只重视孩子的营养和体格发育，而忽略了孩子心理和智能方面的发展。其实，孩子出生后，除了在生理上逐渐长大长高之外，其智能及心理方面的发育是更重要的一面，这方面的发育成熟，是随着婴儿大脑的逐渐发育而有程序地发展着。

给孩子表现潜能的机会

每个孩子都是一个独特的个体，都有一种或一种以上的特殊本能、技能或特质，有自己的智力强项和弱项领域。孩子的智力强项领域就是他潜在的天赋与才能所在，只是有待我们去发掘。所以做父母的首先要相信你的孩子是独特的，并以赏识的目光来审视他。

不要拿你孩子的弱项与其他孩子的强项来比较，不要将他们塑造成你要他们所变成的样子，不以父母的标准、愿望、喜恶来培养你的孩子。

发挥出孩子的潜能，给孩子表现潜能的机会，给其日后成才打下坚实的基础，才是每一位父母应当着力去做的事。

给孩子提供尝试多种领域的机会和条件，不要以成人的眼光过早地把孩子定位在成人选择的某一领域，应给孩子提供在多种领域尝试的机会和条件。但在现实生活中，有些父母往往忽视或根本不了解自己孩子的智力特点，只是以自己的愿望，或是盲目攀比，认为其他孩子都学这个，我的孩子也不能落下，硬把孩子送进这个班那个班学习，而这也许恰恰是孩子的弱项领域，结果自然是父母和孩子都疲于应付。不但事倍功半，而且最重要的是可能从此孩子的天赋就被埋没掉了。

如果父母能给孩子多种尝试和选择的机会，孩子往往对他的优势领域感兴趣，有了兴趣自然就成功了一半。在这一领域的成功，能极大地提高孩子的自信心和学习热情，从而把这种信心和热情也会迁移到其他领域，使其他领域也获得发展，达到事半功倍的效果。

当孩子自己动手做、开口说时，应该给他肯定的赞美和鼓励的掌声。因为，即使是个天才，也需要有一个练习的机会来酝酿信心，而后越走越顺。如果只是一味的打击、批评，孩子会害怕得抬不起头，再也不肯尝试，终其一生都要靠父母所希望的。

教育家韩凤珍说过："所有难教育的孩子，都是失去自尊心的孩子。所有好教育的孩子，都是具有强烈自尊心的孩子。教育者就是要千方百计地保护孩子最宝贵的东西——自尊心。这是培养孩子的重要手段。那么，怎么培养孩子们的自尊心呢？我想，一个不可忽视的途径，就是给每个孩子创造表现能力的机会，让他们都尝到成功者的喜悦。"

制造机会了解孩子的性格趋向与喜好之后，别忘了给他机会多加练习。比如，过生日的时候，鼓励每个人表演一个节目，每周一晚上轮流朗读短文并发表心得，让孩子把当天经历的有趣的事叙述一遍或记录下来……更重要的是，随时给机会让孩子帮你的忙，只要是他力所能及的，如洗碗、拖地、收衣服等。这样越做越熟练，越有信心，孩子才不会退缩在自卑自闭的角落里。

做父母的拿出耐心认真地观察你的孩子，以了解他真正是什么样的人，有哪些特点、爱好、兴趣，有时候父母亲忙于指导孩子的选择，灌输自以为是的价值观和教导孩子自以为正确的行为，但是你们这样做时，真的很了解站在你面前的这个个体的特征、需求吗？千万别以为孩子是自己的翻版，把自己未实现的愿望或理想强加在他身上，别忘了每个孩子都是一个独立的个体。

在给孩子提供多种领域尝试的同时，观察记录孩子的表现，以积极的态度，尽可能多地注意孩子积极的一面，记录他的优点和长处；在日常生活和游戏中，在不受干扰的情况下，观察你孩子的表现，并记录下来，因为这时孩子往往会表现出真实的自我；从熟悉你孩子的人那里听取意见，有时他人才能认清你作为父母所无法看到的特点；向老师询问，老师可能看到孩子在父母面前并不表现出来的方面。有了这些细心的观察和了解，你一定会发现自己孩子的天赋与才能，然后加以挖掘培养，我想你和你的孩子的生活都会充满愉快的成就感。

对孩子天赋才能的发掘与培养，并不是不要其他方面素质的培养，相反，在某一领域拥有成就感更会促进孩子其他方面的发展，达到全面素质的提高。

既然给孩子机会，就要耐心等待孩子发挥潜力。有些父母一时叫不动孩子做家务事，干脆自己做；嫌孩子不会买东西，索性自己出门；认定孩子念不好书，便帮他一题题复习……久而久之，孩子生出惰性，心想反正父母一定会伸手援助，便乐得坐享其成，让自学的"天资"睡着了。所以，当父母埋怨孩子懒惰时，不妨扪心自问，是否对孩子缺少耐心，把孩子的表现机会"洗劫"一空了？

做父母的不仅要随时检点自己的言行举止，而更为重要的是要提高自身的文化水准，加强各方面的修养。做有心的父母，给孩子以机会，让孩子发挥出自己的潜能！

在日常生活中，从点滴的小事上都要注意给孩子表现潜能的机会。父母应该在这方面做一点儿尝试，在交谈和日常生活接触中要有意识、有目的地经常跟孩子交换思想，这会对孩子智力的开发起到积极的促进作用。

八

懂礼仪，文明健康有礼貌

所谓文明礼貌，就是指一个人在日常生活和工作中做出能够被众人接受的、符合特定情况的行为。文明礼貌是社会交际对个人的基本要求，是个体融入群体的重要资本。一个懂文明讲礼貌的孩子，将来必定会有足够的资本在社会上立足和发展。

培养孩子文明礼貌地待人

孩子言谈文明举止礼貌，大人喜欢不说，无形中还会提升气质，养成尊重他人的品格，所以父母在这方面不应以等闲视之。

谷小南的爸爸妈妈都是国家干部，家境非常好。她是爸爸妈妈的掌上明珠，因此，她的举止言谈中常常对什么事都表现出瞧不起、不屑一顾的样子，俨然是一位骄傲的公主。

在一个星期天，谷小南穿戴整齐，准备跟着爸爸妈妈去看望姥姥。刚一走进电梯，值守在电梯的阿姨就热情地招呼："小南，今儿又去哪儿玩啊？"

小南把头偏向一边，没吭声。

妈妈赶紧回答说："去看望姥姥。"

出了电梯后，妈妈对小南说："女儿，你怎么不理人呢？"

小南说："她只是一个看电梯的，凭什么问我干吗去？我为什么要向她汇报我干什么去呢？"

爸爸说："你这样想是不对的。人家跟你主动打招呼，你作为小辈当然更应该跟她打招呼才对，不理人是没礼貌的表现。"

在此之前，爸爸妈妈已经注意到小南这方面的一些做法：小南的奶奶从农村来住了几天，小南竟然嫌奶奶土气总是躲得远远的，从外面回来也从不主动问奶奶好。不光对奶奶、电梯工阿姨这样的人，家里来客人小南经常表现得特别没有礼貌，有时还冒出一两句粗俗的骂人话，让爸爸妈妈很尴尬。

其实对于小南的问题，父母应该首先从自己身上找原因：或者平时自己就待人不大礼貌，或者没有及时纠正孩子的做法。如果坐视这种情况继续下去，孩子很可能会成为一个人见人厌的人。

八 懂礼仪，文明健康有礼貌

礼貌的语言是一个人最好的介绍信。礼貌的语言是尊重他人的标志，良言一句三冬暖，恶语伤人六月寒。在与人交往中，礼貌得体的语言可以使人如沐春风，因而愿意与你交往；而不拘小节，言语粗俗，则会让人心生不满，厌而远之。孩子从小就要不断提高自己的修养，因为人际关系往往决定我们的前途和命运。只有礼节仪表同质朴的品格结合，才是一个有教养的人。所以父母要从品格与礼仪两方面同时去规范孩子，让孩子养成文明礼貌的好习惯，成为有修养的人。

培养孩子讲文明懂礼貌，首先要教育孩子在与他人的交往中要待人真诚，努力提高自身素质。要尊重他人，树立起关心帮助他人，与他人团结友爱、互相合作的思想；克服冷漠、孤傲、唯我独尊、自私自利的错误思想和行为。

其次，父母不仅教育，还要注意对孩子平时的训练和强化，使孩子举止文雅，热情大方，懂礼貌，重仪表。这样经过不断地训练，便会欣喜地看到孩子真的长大了，孩子只有懂得和做到这些，才真正证明他掌握了最初的交往技能，懂得了初步的社会行为规范。这是孩子们交往能力发展最理想的前奏。

礼貌绝不仅仅是一些刻板的虚假客套，它是一个人修养和品位的体现，是他内心世界的表征。哲学家认为，粗暴无礼是内心虚弱的人想显示强大的手段，反过来，和蔼可亲则是一个人充实和自信的表现。孩子只要懂得了讲文明懂礼貌的具体形式和内容，无论是言谈举止，还是文明礼仪，都会在不同的场合显现出他不同凡响的一面，为他今后的立身处世打下坚实的品格基础。

（1）父母应以身作则，净化家庭语言环境。家庭是孩子的第一学校，父母的一言一行将对孩子产生重要的影响。孩子的语言表达方式，在很大程度上是模仿父母而形成的。因此父母在家庭中要注意自己的语言，尽量做到不讲粗话脏话，注意自己的形象，给孩子起表率作用。

（2）配合学校运用规章制度教育孩子。平时父母应配合学校用《小学生手册》和《小学生日常行为规范》中的有关条例来对孩子进行教育，并让孩子对同班同学或同桌同学提出要求，对孩子自身进行监督，一发现讲粗话脏话，同学之间就互相善意地给予指出。

（3）教育孩子正确处理与他人之间的摩擦。多数情况下，孩子讲粗话脏话是对自己受到伤害后的一种宣泄反应，如被人触犯时往往会用粗话脏话骂人。父母平时就要教育孩子以善良之心看待与他人的摩擦，让他们知道人与人之间随时都会发生不愉快的事情，应该学会宽容，不要为一些小事而生气，同时更注意不能用粗话来攻击同学。

（4）坚持要求讲粗话脏话的孩子检讨。当孩子讲粗话脏话后，父母要严肃地批评、教育他。批评时可以向孩子提出：为什么要讲粗话脏话？不用讲粗话脏话的方式"还击"行不行？讲粗话脏话能解决什么问题？被骂者会产生什么态度和采取什么手段报复？等等。让孩子认识到讲粗话脏话不会解决任何问题，只能加深矛盾而影响团结，从而促使孩子主动向被骂者道歉认错，以达到团结的目的。这样，父母坚持数次，孩子也会改掉讲粗话脏话的不良习惯。

做文明之人，就要做文明事，使用文明的语言，就要懂礼貌，明事理。真正有修养的人都是懂礼貌的人，父母要把孩子培养成为一个懂礼貌的人。做事先做人，一个人的道德修养是其事业能否成功的基础所在。没有修养的人，无论学识多么渊博，也是不受人欢迎的。

塑造孩子彬彬有礼的气质

讲礼貌可以让孩子们相互间培植起信任和友谊。

北京八中的刘畅是一位品学兼优的学生，他的父母是这样教育

八 懂礼仪，文明健康有礼貌

他的：

在早期教育当中，他们除了开发他的智力外，也同步进行着文明行为的训练，培养孩子彬彬有礼的习惯。例如，在宴席上，他们让孩子坐在椅子上，默不做声地吃大人夹给他的饭菜。咳嗽时，他们提醒孩子要对客人说"对不起"。饭桌上，孩子不小心把饭粒掉在地上，他们抓住他的小手，一边拍打其手心，一边提醒他不许再犯。饭后，孩子要保姆替他取水，他们提醒孩子，不该随意让别人帮自己做事，若是非麻烦别人不可，一定要说"请"、"对不起"、"麻烦您"、"谢谢"等礼貌用语。

凡是见过刘畅的人都说他气质好、彬彬有礼，落落大方。这也是从小到大逐步养成的。在早期教育当中，刘畅的父母除了开发刘畅的智力、增加灵气、培养能力之外，也同步进行着文明行为的训练。他们的目标不仅仅是要培养出一个聪明的孩子，也要培养出一个文明的孩子。从刘畅学会说话，能够听懂一些简单的提示和要求时起，他们就有意识地在各种场合下，告诉他应该怎样做。比如早晨离开家时，要和家里人说"再见"，到了幼儿园要问"阿姨好"、"小朋友好"等等。刘畅是坐医院通勤车长大的，在通勤车上，医护人员还教他学会分辈儿，当他准确地称呼"爷爷"、"奶奶"、"叔叔"、"阿姨"时，那稚声稚气的样子着实惹人喜爱。

其实，刘畅父母的这些教育，许多父母都做了。为什么有的效果差些呢？原因有两个：一是不能一以贯之地坚持下去；二是父母对孩子要求是一回事，自己却未能以身示教，使孩子感到迷茫，不知如何是好。因而，父母要利用一切机会培养孩子讲礼貌的习惯，持之以恒，反复训练。

培养孩子彬彬有礼的习惯，要从一点一滴做起。父母可以从以下几个方面入手：

· 167 ·

(1) 强化孩子的自尊意识。

文明礼貌的习惯看起来是一种外在行为表现，实际上它与人的内心修养，特别是与人是否具有自尊与尊重他人的意识有着十分密切的关系。自尊就是自己尊重自己，不容受到侮辱和歧视，维护自己的人格和尊严，争取获得好的社会评价。正常人都有自尊心，欲自尊须先尊重他人，遵守社会秩序，注意文明礼貌。很难想象，一个丧失了自尊心的人会具有什么文明礼貌习惯。文明礼貌的习惯实际上是人满足自尊心的一种重要手段，所以要强化孩子的自尊意识。

(2) 对孩子的表现做出评价。

对孩子的行为做出评价通常是刺激孩子学习的最佳催化剂。客人在时，父母对于孩子良好的表现可以表扬、鼓励；客人走后，父母也可以对孩子的表现做出评价，肯定做得好的地方，指出不足以及今后要注意的地方。这里需要指出的是，孩子在接待客人中出现了失误，如打碎了茶杯、弄脏了饭桌，父母千万不要当面批评，要保护孩子的积极性，对待孩子的过失要重动机轻结果，要原谅孩子由于缺乏经验而出现的过失。孩子礼貌待人的行为规范不是一朝一夕形成的，要靠平时不断教育、训练和强化。年轻的父母要经常为孩子提供"教育情境"，让孩子不断练习，巩固孩子热情、礼貌待人的行为，这对孩子思想品德、学识能力、行为习惯的培养都有积极的推动作用。

(3) 要培养孩子养成对人对事最起码的礼仪。

坐要有坐样，站要有站样，这也是一种文明礼貌。说话要和气、要轻声。有的父母说话大声嚷嚷，孩子也会学着父母的样子。那么我们要不要培养孩子大声说话呢？只是在给大家说话的时候要稍大声一些，让大家听得见，平时说话要轻轻的。

古语说："己正而后能正人。"父母若要孩子礼貌待人，首先自己要做表率，父母对孩子的影响最直接、最深刻。父母的身教是对孩子最生动、最实际的教育。父母应充分利用家里来客的有利时机提醒孩子，给孩子示范，使孩子在亲身体验和实践中理解文明、礼貌、热情的含义，并通过父母的行为潜移默化地影响孩子，使孩子在耳濡目染的环境中，逐步形成礼貌待人的品德。

骂人是最可耻的行为

　　在生活中，我们会发现有的孩子到了一定的年龄，会突然变得爱说脏话，有的父母要么是狠狠地教训一顿，要么是拉过来揍几下，当时孩子可能不敢再说了，但时间一久依然如故。当父母面对说着粗言秽语的孩子时，指责往往不会产生积极的效果。

　　这天，秦咏和邻居家的小君在院子里下象棋，两人的棋艺都很不错，所以，一盘棋下了一小时也没有分出胜负。真是棋逢对手了。

　　此时，正好有个电话找秦咏，他飞快地跑进屋子里接电话去了。当他回到棋盘跟前的时候，他发现自己的棋似乎被小君移动了位置，而且是一步决定胜负的棋子，秦咏自然是非常生气了，他质问小君道："你太没有棋德了，怎么能作弊呢？"

　　小君一脸冤枉，说道："我没有呀，你胡说！"

　　秦咏看到小君极力否认的模样，更是气不打一处来，他指着小君说道："你明明就是动过手脚了，你赖皮！连一盘棋都输不起，还是什么男子汉！妈的！"

　　小君听到秦咏骂自己了，当然也不肯了，两人便厮打在一起了……

　　晚饭后，妈妈询问秦咏为什么打架的原因，秦咏便说了原委，妈妈问道："可是，小君说你骂人了。"

秦咏气鼓鼓地说:"那小子就是该骂!"

妈妈严厉地说道:"你这样说很不礼貌!骂人是最可耻的行为。当别人也这样骂你的时候,你会做何感受?"

秦咏听罢,惭愧地低下了头……

当发现孩子说脏话时,父母要冷静下来,告诉孩子说脏话的影响,要明确指出骂人是不对的行为,是不尊重别人的表现。要教会孩子在说脏话前,想一想对方的感受。

孩子好模仿,且缺乏是非观,他们往往从电视、电影中,从父母、同伴那儿学来许多脏话和一些不健康的儿歌、顺口溜。为此,父母应该做好表率,带头说文明语言,并且要慎重选择影视节目,引导孩子玩文明、健康的游戏,如发现孩子和伙伴说脏话时,应及时指出并给予纠正。

对偶尔说脏话的孩子,父母应以文明的语言把孩子所要表达的思想、感情重复说一遍,形成正确示范。如孩子经常津津乐道重复一些脏话,父母应严肃地告诉孩子这句话不文明。爸爸、妈妈和所有的人都不喜欢听,并和孩子一起分析孩子喜欢的、尊敬的成人是怎样说话的。利用榜样的力量,可使孩子认识到说脏话不好。

教给孩子正确表达气愤、激动情绪和处理矛盾的有效方法。告诉孩子和他人发生争执时可以说:"你住口!""请你走开!""你不讲道理,我很不高兴。"或自己先走开等等,避免自己或对方说出脏话。

孩子是需要父母提醒的,有时候是因为愤怒之极,便会脱口说出脏话。对此父母应该教会孩子宣泄愤怒情绪的正确方法。其实,要解决孩子说脏话问题的前提条件是查明孩子说脏话的原因,然后再有针对性地给予指导。孩子说脏话往往是从模仿开始的,为此,必须净化孩子的语言环境。

八 懂礼仪，文明健康有礼貌

引导孩子做一个落落大方的小主人

　　如何待客是反映孩子内心世界的一面镜子，父母应该给予重视，切莫以为这只是大人的事情。

　　家里来了客人，孩子会做出各种表现。

　　有的孩子见了陌生的客人，站在角落里，不声不响，默默地注视着客人的举动，即使客人跟他讲话，他也是笑而不答，或表现得相当紧张。有的甚至躲进厨房，不肯出来见客人，显得胆小、拘谨，对客人的态度冷漠。

　　有的孩子则相反，见家里来了客人，便拼命地表现自己，一会儿要喝水，一会儿要吃东西，一会儿翻抽屉，甚至为了一点儿小事大哭大闹，显得不懂礼貌，不能克制自己，以"人来疯"的方式引起别人对自己的注意，表示自己的存在。

　　还有的孩子在家里来客人时，能主动招呼客人，拿出糖果招待客人，表现得热情而有礼貌。

　　孩子在家中来客时的种种表现虽然和他们的个性心理有关，但更多的是和父母平时对孩子的教育有关。来客时表现不佳的孩子，父母往往缺乏对他们在这方面的培养和训练，在接待客人时，忽视了孩子在家中的地位。那些在家中来客时表现较好的孩子，父母往往比较重视在这方面的培养，让孩子和成人一起接待客人，孩子逐渐地消除了对陌生人的紧张心理，学会了一些待人接物的方法，表现得落落大方。由此可见，让孩子共同参加接待客人的活动至少有以下几个好处：

　　（1）有利于培养孩子的主人翁感。

　　孩子在参与接待客人的过程中，体会到自己和客人的地位不同，自然会产生一种自豪感和责任感,他会比平时小心十分,殷勤百倍。

(2) 有利于培养孩子礼貌待人的好习惯。

要接待好客人,让客人满意,孩子就必须在语言行为上都讲究礼貌,接待客人实质上是给孩子提供了礼貌待人的练习机会。

(3) 能使孩子学到一些待人接物的方法。

最初,孩子是不会接待客人的,这就需要父母的帮助和引导。

怎样培养孩子接待客人的能力呢?

(1) 让孩子做好心理准备。

在客人尚未到来之前,父母应告诉孩子,什么时间,谁要来。假如客人是第一次上门,还要告诉孩子,客人与父母、与孩子的关系,该如何称呼,使孩子在心理上做好接待客人的准备。

(2) 共同做准备工作。

父母可以和孩子一起做接待客人的准备工作,如打扫房间,采购糖果,和孩子共同创造一个欢迎客人的气氛。

(3) 指点孩子接待客人。

父母除了自己热情招待客人以外,还要指点孩子接待客人,让孩子感到自己是家中的小主人。例如,客人来了,父母要指点孩子招呼每一个人,请客人坐,请客人吃糖果。还可以让孩子把自己的玩具拿出来给小客人玩,把自己的相册拿给大家看。

(4) 学着与客人交谈。

父母应鼓励孩子大方地回答客人的问话,提醒孩子别人在讲话时不随便插嘴。如果孩子在某一方面有特长,可以提议让孩子为客人表演,以制造一种轻松、愉快、热烈的气氛。但不能每次来客人都让孩子表演,表演多了会使孩子形成好表现自己的坏习惯。

(5) 根据孩子的特点提要求。

在让孩子学习接待客人时,要注意根据孩子的特点对孩子提出要求，不要强求孩子做不愿意干的事。例如，对待胆小怕事的孩子，要求简单些，可以让孩子与客人见见面就行，以后再逐步引导，提高要求。对于"人来疯"的孩子，父母应先让他离开大家一会儿，等其冷静下来后，再让他和大家在一起。切忌在客人面前大声训斥和指责孩子，以免伤害孩子的自尊心。

(6) 评价孩子在客人面前的表现。

客人走后，要及时评价孩子的表现，肯定好的地方，指出不足的地方，并要求孩子今后改正，使孩子接待客人的能力逐步提高。例如，以前孩子会表现出"人来疯"，可是今天很懂事，老毛病没有犯，父母就应及时表扬他的进步，并要求他以后客人来时要和今天一样。

让孩子在陌生人面前表现出落落大方，对人有礼貌是每一位家长的共同愿望。但在现实生活中，孩子有害羞，不愿意主动跟他人打招呼、进行交往的表现，只要不过分，也是很正常的。作为家长要求他"有礼貌"，但这种"礼貌"在孩子看来有时是难以理解的。你越强求他，他越反感。培养孩子有礼貌，有效的手段不在于督促孩子"叫人"，而在于平日里家长的态度是否做到尊重、平等、有礼，通过这种点滴的以身作则来影响孩子。

动手打人是错误的

生活中，当父母听到自己的孩子动手打人时，一定会很紧张，很生气的，但是这种暴力行为是必须要立即制止的。

这天周兵在学校里动手打人了，这到底是怎么一回事呢？平时对人总是很有礼貌的周兵怎么会打人呢？事情是这样的，周兵被老师选去参加全市的物理竞赛，这次选拔没有经过特定公开甄选，周兵是直接被老师点名叫去参赛的。所以，同学之间自然有点儿闲言碎语，大家都在私下里议论道："周兵绝对是内定的，就因为他爸是教育局长的关系啦。"其中最不服气的同学是李松，他觉得自己的物理成绩比周兵优秀，可是老师却没有挑选自己而挑了周兵。

放学后，李松拦住了周兵，质问道："你凭什么获得比赛的资格，是不是你老爸拜托老师这样做的？哼，就会走后门，有本事就靠自己的能力呀！"

周兵面对这样无端的误会和指责，非常生气，他说道："你不要胡说八道，我靠的是自己的努力！"

李松还是不依不饶地继续说道："别故意装了，谁不知道老师也在讨好你呀！"

周兵听到这里，实在忍无可忍了，他攥紧拳头上去就朝李松的鼻子挥上一拳。就这样两人扭打在了一起……

当周兵满脸淤青的回到家中时，爸爸担心地问道："你的脸是怎么了？和人打架了？"

周兵点点头。

爸爸缓和地说道："我知道你很生气。"爸爸稍停了一下，便立刻正色道："但无论怎样动手打人是不对的。"

爸爸说完，便亲手帮孩子的伤口擦药水，温和地询问孩子打架的原因。经过和爸爸的一番交谈后，周兵意识到自己的错了，而愤怒的心情也渐渐得到了好转……

此时，父母切不可不问清事情的原委便破口大骂起来。而应当先以平和的语气对孩子说："我知道你很生气。"以表示明白孩子的感受，然后坚决地说："但是动手打人是绝对不对的。"说明自己反对这种野蛮行为，再给孩子独立的空间进行思考，平复孩子激动的情绪。

此外，父母处理孩子间打架的事情要有这样正确的想法：孩子自己能解决的问题，尽量让孩子自己解决；孩子自己解决不了，求助于父母，父母切莫简单处理，武断对待，或不问青红皂白打骂自己的孩子或别人的孩子。这些方法对孩子的身心发展会产生不良的影响，都是不可取的。父母应该先弄清楚打架的原因，让孩子有正确的是非观，分析原因后是自己孩子不对，父母应明确指出孩子的不对之处，并进行教育，还应该让孩子向对方赔礼道歉。假如分析原因后是对方的不对，父母也应指导孩子学会正确处理冲突的方法。属于正常交往中发生的小冲突，可让孩子采取忍让、不予理睬的方法，这有利于培养孩子谦让宽容的良好品质；如果属于孩子的既得权益受到侵犯，可让孩子据理力争；对经常欺侮人的孩子，可以采取回避的方法，或向教师、父母反映情况，让成人介入。

孩子之间发生冲突，父母要以诚相待，宽以待人，讲文明礼貌。这也会给孩子树立一个很好的学习榜样。切莫因孩子在交往中的问题引起父母们之间的不和睦，造成不良的影响。

父母要教育孩子懂得，做事要公正，不要强词夺理，当然自己有理也不要随便妥协，不讲原则。教育孩子不能随便动手打人，尽可能用讲道理的方式化解矛盾。

用训诫改变孩子不讲礼貌的习惯

许多父母由于忽视了孩子的个人修养教育，一些孩子说脏话便成了习惯。也许孩子口中飞出的污秽之语没有任何针对性，似乎也未给任何人造成心灵上的伤害，但脏话毕竟刺耳，会破坏一个人的形象，同时也会妨碍正常的人际交往。试想，谁会喜欢和一个不讲礼貌、满嘴脏话的孩子成为好朋友？而这些孩子走到社会上以后，他又如何能获得别人的好感，和人良好相处呢？

其实，生活中一些父母发现孩子有不讲礼貌的习惯后，也想管教孩子，纠正孩子的坏习惯。可他们往往因为用的方法不当，而收不到教育的效果。

东东从小在乡下爷爷家长大，直到6岁该上学了，才回到父母身边。东东聪明伶俐，动手能力强，这让父母非常高兴，但不久他们就发现，东东是个很没礼貌的孩子，常常会出口成"脏"。为此，妈妈骂，爸爸打，一段时间后，东东似乎改变了这个坏习惯，父母很满意。可有一天，老师来做家访时，告诉东东的父母，东东在学校里张口闭口都是脏话，班上大多数同学都挨过他的骂。父母气得要命，把东东拉回来就是一阵狂风暴雨式的"教育"，可东东始终就改不了这个习惯，东东的父母真不知怎么办好了。

我们可以理解东东父母的"恨铁不成钢"的心情，但却不能赞同他们的做法。打骂是最差的教育方式，这样做有什么用呢？父母打骂之后，东东就不在父母面前说脏话了，但是在学校里却变本加厉了。父母再打骂，孩子的逆反心理就跑出来了，干脆打骂都不听了。

教育学家建议父母在这种情况下，应用训诫的手段教育孩子，训诫是一种综合教育，有批评也有教育，批评中有激励，教育中有希望，孩子并不是完全不讲道理的，批评可以让他认识到自己的错误，而教育又可以使他明白道理，改过自新。

那么，应用训诫的方法来教育不懂礼貌的孩子应该怎么做呢？

（1）多讲道理，少点责骂。

孩子的自律性比较差，即或是那些乖孩子也会有不乖不讲文明礼貌的时候。当父母发现孩子竟然说脏话，或者行为粗鲁无礼时，一定不要

八

懂礼仪，文明健康有礼貌

仅仅是简单粗暴地加以制止，而是要耐心地给孩子讲道理，告诉孩子为什么不能那样说话做事。比如，当发现孩子在饭桌上打饱嗝的时候，不要只是大声呵斥他"太没有教养了"，而是要告诉孩子"这种行为太没有礼貌了，应该有意识地控制；实在控制不了，应该向大家说对不起"。

（2）批评中有期望和要求。

批评孩子时不能一味责骂，要明确告诉孩子哪些言行是文明礼貌的，哪些言行是粗鲁无礼的。让孩子明白文明礼貌的重要性。和孩子外出的时候，当看见有人在大街上打架或吵架时，父母应该立即告诉孩子，这种行为严重影响了社会公共秩序，是不文明礼貌的。当孩子在家里说脏话或者有其他不礼貌行为的时候，父母可能非常生气，但一定要控制住情绪，尽量避免对孩子大叫大嚷，而是要语气平和地告诫孩子："你现在的表现妈妈不喜欢，没有人喜欢不礼貌的孩子，希望你不要再做这样的事了。"

（3）教育孩子要循序渐进。

培养孩子讲文明有礼貌是一个循序渐进的过程，父母不可能要求孩子在一夜之间就变得彬彬有礼。当发现孩子不习惯用敬语时，应立即批评教育，直到孩子养成了说敬语的好习惯为止。父母切不要把孩子的许多问题都集中起来，企图突击解决。正确的做法应该是发现一个问题就立即解决。

我们说，对孩子无心犯下的一些小错误要宽容，但是对于孩子的不良行为、不良习惯就要进行批评教育，千万不要纵容孩子。而孩子的不讲礼貌，就是迫切需要父母"治理"的问题。

使孩子学会主动道歉

　　父母要让孩子明白：自己的言行会对别人产生什么样的影响，进而明白责任的完成与否对自己将来有什么作用。父母应该让孩子学会承担责任，当你的孩子说："现在的事情都是我自己选择的结果。""这件事情我做得很糟，是我没计划好，不过我会尽力弥补的。"那就表明孩子真正懂得了什么是责任。

　　小梅和楚楚是一对好朋友，两人从幼儿园起就是同班同学了，然后又是小学的同班同学，现在升上初中了，又分在了一个班。她俩感情好得就像一个人一样，比亲姐妹还要亲呢！

　　可是牙齿还有咬到舌头的时候，这天这对好友吵架了。原来，楚楚向小梅借了一支钢笔来写字，可是写着写着，却不知怎么坏了。小梅可心疼了，这是爸爸从国外给小梅带回来的，平时都不舍得用，现在借给楚楚用，谁知道她却没有保护好。小梅埋怨道："这支笔我都舍不得用，现在可好，你却把它弄坏了。"

　　楚楚很抱歉，她小心翼翼地说："对不起，我也不知道怎么就坏了。要不、要不我给你买一支新的吧？"

　　在气头上的小梅说道："你上哪里去买呀？这是我爸在国外帮我买的……"

　　楚楚感到很委屈，她咬着嘴唇说："是，我买不起，对不起了。"两个好朋友就这样因为这支钢笔吵翻了。

　　小梅回到家，感到很失落。妈妈看到了，便上前询问："怎么啦，不是到楚楚家写作业了吗？回来就这个脸色？"

　　小梅回答道："我刚才和楚楚吵架了，谁叫她不好好爱护我的钢笔。"

妈妈接过话茬:"钢笔,就是那支你爸帮你买的钢笔吗?"

"嗯。"

"哎哟,那是昨天你表弟弄坏的,我还没来得及和你说呢。"

小梅这下急得都快要哭了:"你怎么不早说,害我错怪楚楚,怎么办?我算是羞死了!"小梅一边跺脚,一边擦着眼泪。

妈妈看到女儿这般难过的情形,不知道如何是好,妈妈安慰着:"别哭了,要不,妈妈帮你去和楚楚说对不起,这总行了吧。宝贝,别哭了。"

很多父母总是喜欢帮孩子承担一切事情和烦恼,还有的父母甚至连子女的错误都要包揽在自己身上,要代替孩子给人道歉,故事里面的妈妈就是这样的人。这些父母不知道,这样的做法对于培养一个有责任感的孩子来说,是有百害而无一利的,会让孩子学会事事推卸责任,而不是勇敢地为自己的过失负责。

其实,当孩子在社会上遇到某种挫折时,正是培养孩子责任感的最佳机会。如果父母对孩子说:"妈妈带你去说对不起……"反而会使孩子心中已经萌芽的责任感遭到坍塌,原本可以自己解决的问题反而变得复杂化了。

责任心的培养就是要从家庭到学校,从小事到大事,从具体到抽象。那么父母如何对孩子进行责任感的教育呢?

从小处着眼,让孩子在家庭的岗位上感受到责任的分量。例如让孩子去干家务便能培养孩子的责任感。

要让孩子对自己的行为负责。当孩子做出某项决定或承诺的时候,告诉他要对此决定的后果负责,不管结果怎样,都不可以推诿和埋怨,要让孩子自己承担责任,而不要帮其代劳。人际关系的圆满在于坦荡的心志,主动交流,不怕被拒绝。孩子人际关系网的形成,要靠他自己去建立。

责任感的培养是孩子健全人格不可缺少的部分，是能力发展的催化剂。对于子女的教育绝不能忽视这一点，否则会铸成孩子骄傲、放纵、粗暴、自私、事事依赖、缺乏主见的不良品格。在当今竞争与合作并存，机遇与挫折交错的社会就会被淘汰。

要学会说"谢谢"

感激之心不是先天的，亦不是凭空而来的，它是在道德教育、环境熏陶和社会实践中逐渐形成的。我们如果在待人接物时能常怀感激之心，那么就可以建立和谐、融洽、温馨的人际关系。

一个周六的傍晚，华华的妈妈和往常一样在厨房忙碌，而华华正在电脑桌前敲打着键盘，玩着游戏。

忽然，电话铃响了。妈妈因忙着照看煤气灶上烧的菜，便叫儿子接听电话。儿子在电话机前站了大约五分钟后把电话挂了。挂完电话，他显出很不高兴的样子，嘴里嘀咕着："以后我不接电话了。这么费劲！……"妈妈立刻猜到：准是华华奶奶的来电。

华华的爷爷奶奶在外省工作。由于路途遥远，一年中他们只回家探亲一次。因此，电话就成了他们和家人沟通联络的纽带。奶奶是一个心思细腻、对小辈呵护备至的人。每个周末，她都要和家里通一次电话。而电话多半是她先打过来——她似乎总等不及孩子们的去电。一周的时间，对于她来说，太长了。每每来电，奶奶都要嘘寒问暖，吃喝拉撒，她样样过问、事事关心。

刚才，一定是华华嫌奶奶太唠叨了。

此刻华华噘着嘴巴向书房走去。妈妈走过去拉住了他。

"刚才是谁的电话？"妈妈压住性子明知故问。

八 懂礼仪，文明健康有礼貌

华华显出不耐烦的样子："还会有谁？总归是奶奶的了！啰里啰唆，又没有什么事情！"

"奶奶在电话里和你讲什么？"妈妈再一次明知故问。

"还不是每次都一样？什么'早饭一定要吃好！''晚上要早点儿睡觉！'什么'在学校上课累不累？''放学后打球吗？''长胖点儿了吗？'……哎呀，真是烦死了，不说了！"华华越说越不耐烦，挣脱妈妈的手朝书房走去。

妈妈看到孩子这样，觉得一定要好好教育孩子。

吃饭的时候，妈妈故意把筷子放在桌子的最边上，华华看见了，赶忙把筷子移到了桌子正中间，孩子还特别对妈妈说："幸亏我把筷子放好了！"

妈妈却没有对华华表示感谢，而是冷冷地说："不是没掉下来吗？我又没叫你帮忙！"

华华听了妈妈的话，觉得特别委屈："我好心好意把筷子摆好了，您怎么说这样的话？"

妈妈觉得这是教育华华的最佳时机了，她缓缓地说道："你看，你刚才出于好心，我本应感激你才对。可我没有，所以你很生气。那你想想，刚才，奶奶出于对你的关爱，给你打了长时间的电话，可你不但不感激，竟还嫌烦。你说，你这样对吗？孩子，要学会说'谢谢'呀！"

华华低下了头，不吭声。过了一会儿，他抬起了头，声音很轻但很有力："妈妈，您别说了，我懂了！"

如华华这样的例子在青少年中不在少数。现在的孩子很难体会到长辈的爱心，很多父母甚至叹息道："现在的孩子太少感激之情，连一句谢谢都不会说。"

这应该从小事做起。比如用餐，用餐时间是教育孩子的最重要时

· 181 ·

机,也是沟通的好时机。父母在用餐时,可以借此机会谈谈农民或厨师、服务员的辛苦,表示对他们的感激,不要让孩子误以为他们的劳动是理所当然的而心安理得。在日本,一些父母教育孩子用餐时,一定会双手合十,说声:"我领受了。"然后才动筷,吃完后,总说:"感谢妈妈,今天的饭菜真好吃。"才离开餐桌。而我们的父亲常常边看报边吃饭,吃完饭就一声不吭地离开。孩子看在眼里,学在心里,可能一辈子也不会说出一句赞美母亲饭菜的话。

　　作为父母,不要过分屈从孩子的要求,有些父母满心希望孩子产生这样的想法:"爸妈真是太爱我了,我好感动,我一定要好好学习,长大后报答爸妈。我真感激父母。"其实溺爱孩子,并不能让孩子萌生感激之情。对孩子的关爱是重要的,但更重要的是要培养他们的责任感。没有责任感的人,一般是指没有感激之心的人。不会感激的人总是以自我为中心,没有受到良好教育的独生子女之所以被称为"小皇帝",是因为他"自我膨胀",对周围的人过度的爱心视为天经地义,总不知道心怀感激。

　　父母要教会孩子真诚地对他人说"谢谢"!让孩子学会感激他人,让孩子在谦虚和真诚中得到朋友的帮助,从而一步步走向成功。

　　培养孩子的感激之心可以从以下几个方面着手:

　　引导孩子热爱自己的爸爸、妈妈等长辈,喜欢老师和班中的同学;感激爸爸妈妈和老师们对自己的爱,对自己的教育和帮助。并采取一些方法来表达自己的感激之情,比如说,教师节给老师送张贺卡;帮助爸爸妈妈干家务等等。

　　引导孩子尊重周围的劳动者,感谢他们为社会做出的贡献,使我们有一个良好的学习和生活环境。

　　让孩子多参加集体活动。现在的绝大多数孩子都是独生子女,从小就是衣来伸手、饭来张口,他们已经习惯了爸爸妈妈的照顾,并且觉得这是应该的，凡事以自我为中心，不懂得感激他人。这样的孩子开始在集体活动中很难和同龄伙伴和睦相处，也不懂得感谢别人为自己做的事。只有在集体活动、集体交往中碰了几次钉子之后，才会意识到要想到他人，要感谢他人，在活动中获得与他人相处的经验。

一个人只有学会了感激和报恩，才是一个有情有义的人，才是一个情商高的人。只有学会了报答父母，才能学会报答他人，进而学会报答社会，才能真正成为有所作为的、顶天立地的人。

别让孩子变成"小霸王"

一项心理调查显示：现在孩子越来越多地有暴力倾向。7岁到13岁之间的孩子，23.9%承认自己有通过暴力解决问题的想法。这是一个令人触目惊心的数字，父母们必须明白孩子暴力习惯的危害，要及早通过训诫的手段纠正这种不文明的行为。

有这样一个男孩：他是一个聪明的孩子，成绩优异、家境优越，父母对他宠爱有加。可他却在13岁那年，用刀捅伤了同学，进了少年劳教所。后来，他对发生在自己身上的悲剧做了反思："从小到大，爸爸妈妈给我的教育就是：只要学习好，犯了什么错都不是错，父母都不会责怪我。因此，我变得很任性。可能是任性造成了我的一种霸气，我的个头在班上最高，成绩也好，同学们都很服我。上中学时，爸爸妈妈告诉我只要我学习好，然后就是在外不要吃亏，不要被别人欺负。如果我吃了亏，被别人欺负了，他们肯定会认为我窝囊，没有用。记得我小时候，有一次我带了玩具飞机去幼儿园，小朋友们抢着玩，有一个小朋友玩着玩着居然不给我了。我急了，夺过飞机就朝他脑袋上刺去，把他的头刺出了血。家里赔了人家钱，我很害怕，以为回家要被处罚。哪知道，爸爸妈妈并没有责备我。我读小学四年级时打了同学，同学父母找到我家里来，我爸爸向人家赔了不是。送走了人家后，他对我说：'看这小子，懂得教训别人了。'妈妈告诉了我道理，她说，只要不被别人欺负，怎么做都行。当我去中学读书时，她对我说，现在的孩子都很霸气，你要是不让别人怕你，你就会被别人欺负。现在回过头来想想，我觉得父母对我的这些教育是不正确的，我在学校的打人习惯正是父母错误教育诱导的结果。"

这个悲剧也引起了很多父母的反思，于是他们纷纷严厉管教孩子，纠正孩子爱打人的习惯。但是父母虽然有这个良好心愿，但往往不知道怎样教育孩子，因而往往产生反效果。

天恩是个7岁的孩子，刚刚上小学一年级，不过半年来，他已经给父母惹了一大堆麻烦，为什么呢？就因为他爱打人！上学才三天，就把一个小女孩的膝盖踢破了，后来又把同学的头打破了，再后来还划伤了同学的胳膊……为了这些事，爸爸妈妈骂过他，打过他屁股，可他还是一犯再犯。有一天，父子正在看电视，电话响了，爸爸接完电话怒气冲冲地拉过天恩就是两巴掌，天恩委屈地大哭大叫，爸爸更生气了："说过一百遍了，不许打人，你还敢再犯，今天打死你算了！"爸爸又打了下去，这一次，天恩竟然挣扎着用小拳头打爸爸，这让爸爸更生气了："真是太过分了，竟然打爸爸！"结果那天，爸爸狠狠地打了天恩一顿后，把孩子丢回房间去"反省"。天恩一个人在地上哭得稀里哗啦，不明白为什么爸爸可以打他，他就不能打人，最后他得出了一个结论，那就是他不能再打同学，只能打比自己小的孩子。

这是很可悲的，爸爸的"教育"只换来了一个消极结果。这都是因为教育方式不当造成的。天恩的爸爸不应该抓过孩子就打，而应该先让孩子知道自己犯了怎样的错误，要指出打人是一种野蛮行为，是为人所不齿的，没有人会和打人的孩子玩，再这样下去，他就会失去所有的朋友。

如果孩子之间发生了冲突，父母一定要保持冷静，不要立即大声呵斥孩子，让他停止争吵，更不能因为害怕自己的孩子吃亏而护着孩子。应该让孩子自己说清楚发生冲突的原因，然后让他自己提出解决冲突的方法，或者为孩子提一些解决冲突的建议。

当孩子在玩自己心爱的玩具的时候，别的孩子可能过去抢他的玩具，孩子急了就会打人。这时候，父母应该教育孩子对抢他玩具的小朋友说："这是我的玩具，让我先玩一会儿，等会儿我给你玩。"或者让孩子友好地与其他小朋友共同玩。

同时，父母应当让孩子意识到，打人是一种让人多么不能容忍的行为。在孩子打了人后，就用对比法给他分析问题。例如："孩子，如果有人打破了你的头，让你流血了，那妈妈一定会非常伤心，非常难过，因为妈妈爱你，希望你永远平安。其他的小朋友也有妈妈，他们的妈妈也爱他们，你打伤了那些孩子，他们的妈妈该有多难过啊！"这种对比可以让孩子深刻认识到自己的错误，反省自己的做法。

父母应该告诫孩子不要用武力解决和小朋友之间的冲突。父母绝对不会原谅他的打人行为，如果孩子再犯这个错误，就将受到严厉的惩罚。

让孩子养成文明礼让的好习惯

所谓文明礼让，是人们合乎社会规则而且化为习惯的行动及做法，它包括三层意思：一是文明，二是礼貌，三是忍让。英国教育家洛克说："习惯一旦形成，用不着记忆就能很容易、很自然地发生作用。"因此，父母只要让孩子养成文明礼让的好习惯，这些习惯就会在孩子身上发挥作用，孩子也很容易成为一个有教养、懂礼貌的人。

德里克和同学们一起到约翰家做客，临走时大家都忙着拿书包、穿鞋子，只有德里克留在了最后，他把自己坐过的椅子认真摆好，把弄乱的东西放回原处。这一瞬间的细小行为被约翰的父母看在眼里，很受感动。约翰的母亲赞赏道："这反映了一个学生良好的文明习惯，说明这个孩子很有教养。"

现代社会的确尊重个人的选择，个人活动的自由度大了，然而对人的文明礼让要求也更高了，因为文明礼让是社会文明程度的重要标志。因此父母必须教育孩子懂礼貌，而礼貌又是通过动作与语言的运用来表现的，如果只让孩子知道"应该"尊敬别人、对人有礼貌，而不懂得"如何做"才能体现礼貌，结果可能是适得其反。

培养孩子养成文明礼让的好习惯应该从一点一滴做起，具体来说父母应该从以下几个方面入手：

（1）让孩子从小注意个人礼仪。

个人礼仪包括仪容仪表、仪态举止、谈吐、着装几个方面，从仪容仪表上来说，主要是要求孩子整洁干净，脸、脖颈、手都应洗得干干净净；经常洗澡、换衣服，消除身体异味，有狐臭要搽药品或及早治疗；注意口腔卫生，早晚刷牙，饭后漱口，不能当着客人的面嚼口香糖；头发按时理、经常洗，指甲经常剪。

从谈吐方面来说，要让孩子做到态度诚恳、亲切；使用文明用语，简洁得体；不能沉默无言，也不能一个人喋喋不休；要认真倾听对方讲话，交谈时忌讳东张西望，翻看其他东西；多人交谈时不可只跟一人谈话而冷落其他的人。

从仪态举止上来说，主要从站、坐、行以及神态、动作等方面对孩子提出要求。古人对人体姿态曾有形象的概括："站如松，行如风，坐如钟，卧如弓"，优美的站立姿态给人以挺拔、精神的感觉；身体直立、挺胸收腹、脚尖稍向外呈"V"字型，忌讳无精打采、探脖、耸肩、塌腰；正式场合不能叉腰或双手交叉；坐姿要端正，挺直而不僵硬，不能半躺半坐，两腿间距与肩同宽，不能叉开，双手自然放在膝或扶手上，大方得体；走路时要挺胸抬头，肩臂自然摆动，步速适中，忌讳"八"字脚、摇摇晃晃或者扭捏碎步；神态要表现出对人的尊重、理解和善意，面带微笑；忌讳随便剔牙、掏耳、挖鼻、搔痒、抠脚等不良动作习惯。

(2) 要帮助孩子掌握必要的文明礼貌常识。

这包括两方面的内容，语言和行为。文明礼貌语言要求不说粗俗的话，日常用语包括"您好"、"早上好"、"见到您非常高兴"、"欢迎光临"、"晚安"、"再见"、"欢迎再来"、"对不起"、"没关系"、"谢谢"、"请"等。文明礼貌行为包括交往行为和环境行为两种。交往行为包括见面或分手时打招呼、握手，与人交谈时眼神、体态和表情要体现出对对方的尊重。环境行为要求遵守公共秩序和社会公德，如爱护公共卫生，不随地吐痰，不乱扔纸屑果皮；遵守交通规则；购物时按顺序；观看演出和比赛时不起哄骚扰，做文明观众；乘车时主动购票，给老、幼、病、残、孕妇及师长让路让座，不争不抢座位；爱护公共设施、文物古迹等。

(3) 帮助孩子确立自尊与尊重他人的意识。

文明礼貌习惯看起来是一种外在行为表现，实际上它与人的内心修养、与人是否具有足够的自尊，与尊重他人的意识有着十分密切的关系。每一个正常人都有自尊心，但要想实现真正的自尊，须先尊重他人。文明礼貌习惯实际上是人满足自尊心的一种重要手段。很难想象，一个丧失了自尊心的人会具有文明礼貌习惯。

（4）要掌握正确的教育方法。

一个总的原则是以正面诱导为主、批评教育为辅。值得注意的是孩子的模仿性很强，在日常行为习惯方面尤其如此，父母要做到以身作则，为孩子树立良好的榜样，还应与学校和社会教育密切配合、保持一致，力争取得最佳的教育效果。

"少成若天性，习惯成自然。"文明礼让要从小培养，形成良好习惯。有些父母认识片面，对培养孩子的文明礼让习惯不够重视，还有一些父母认为现代社会讲个人自由，懂不懂文明礼让没关系，只要学习好、有本事就行了。其实只要留心一下周围的人物、注意一下大众传媒就会发现，那些事业有成的人都是有文明礼让的好习惯的人。

九 兴趣广泛，与别人有更多的共同话题

　　现在，大多数父母对孩子的惟一要求就是学习成绩好。除此以外，不允许孩子有任何的兴趣和爱好。这样，孩子的成绩上去了，但他的社会性和思维的开阔性，却因为生活内容的单一而被限制了。殊不知，孩子与大量的事物和思想都有着自然的关系。我们培养的是一个社会的人，我们应该培养孩子多方面的兴趣，让他们从小就生活在人群中。

兴趣就是天才的开始

所谓天才，就是对某种事物怀有强烈的兴趣与满腔热情的人经过后天的努力练就而成的，只要说这个孩子不是傻子或白痴，他们都很容易对事物产生兴趣与热情。换言之，孩子天生就具有对某些方面或某一方面的强烈热情，他们一旦对某一方面或某些事情入了迷，就会以惊人的勤奋和毅力去学习钻研。当他们步入这一轨道，就会遵循雷马克所说的"使用就会发达"的规律，使其能力得到惊人的发展。

有人说，天才的努力过程就像是在做游戏，实际是说天才人物的努力是受其兴趣驱使所激发的热情，既然有兴趣当然会乐此不疲。这种"游戏"的努力往往能创造出一些意想不到的结果，也只有"游戏"才能使潜力得到发掘。

8岁的富尔顿经常与同伴划竹篙小船到河里去钓鱼。当时还没有汽船，当河水流得很急，船在逆水行进时，仅靠一根竹篙撑动的小船行动起来又缓慢又费劲，一次一次的劳累使爱动脑子的富尔顿开始思索：能不能制造一样东西来帮人划船？这样既省了力气，又可以节省时间。

这个想法一直盘旋在富尔顿的脑海里，他煞费苦心地捕捉创造的灵感，决心把这个既像是玩具又像是机器的东西设计出来。但光凭想象是没有用的，富尔顿一头钻进舅舅家的工棚中，利用那里齐全的工具与材料，开始将自己的想法付诸于实践。一鼓作气地忙了七天，富尔顿带回家一件新奇的玩意。

所有的人都很好奇，他们不明白这个东西是做什么用的。富尔顿笑笑，把伙伴们带到那条湍急的小河，他把那件东西装在小船上，先用手摇动几下，接着就听到"突突突"的声音响起来了，人们在船上也感

九 兴趣广泛，与别人有更多的共同话题

觉到船的抖动，船尾有一股被搅动的浪花翻滚着。船开始自己行驶起来，而不要再用人来撑竹篙，不需要用人划船了，船却走得比往日快很多！伙伴们围着富尔顿欢呼起来。

这一件使大家惊奇得喊不出名字的东西，就是现在汽船上的轮子！之后，富尔顿不断地设计创新，不断地摸索改进，终于成为历史上第一个创造轮船的人。富尔顿幼年时的兴趣，启发引导他创立了自己终生从事的奋斗目标，并获得了成功。

从这个故事可以看出，孩子如果做他感兴趣的事，他的主动性将会得到充分发挥。即使是十分疲倦，也总是兴致勃勃、心情愉快；即使困难重重也绝不灰心丧气，而去想办法，百折不挠地去克服它。如果让孩子去学他感兴趣的知识，学习的时间也许很长，但他丝毫不觉得苦，反倒像是在游戏。事实上，每个专注于他无限热爱的兴趣的孩子，都能成大事。

天才的秘密就在于强烈的兴趣和爱好及由此产生的无限热情，兴趣是勤奋的重要动力。

生活需要好奇心，需要兴趣所激发的创造火花。假如你的孩子在全市音乐比赛中一举夺冠，或在校园编程大赛中荣获第一名，那么，他绝对有实力成为歌唱家或电脑奇才；假如你的孩子喜欢玩电脑，他可以追求成为下一个比尔·盖茨；假如你的孩子爱好游泳，他可以立志成为游泳运动员；假如你的孩子很看重金钱，他可以学习企业管理，成为一个犹太商人一样精明的企业家。在制定人生大目标时，让孩子知道自己的兴趣所在，扬长避短，肯定能顺利走向成功。

父母千万不能小看孩子的兴趣与爱好的作用。它们像火种，能燃起孩子对未来希望的火焰，并激励着他们不断地探索与实践。据对很多成才经验的调查表明，在事业上的成功大多是在幼年时的兴趣基点上发展起来的。

主动培养孩子的兴趣

日本的木村久一曾经说过:"如果孩子的兴趣和热情得以顺利发展,就会成为天才。"遗憾的是,许多父母对孩子进行早期教育的过程中,往往忽视孩子兴趣的培养,在孩子的许多兴趣刚刚萌芽时便将它无情地扼杀了。

父母作为孩子的第一任老师,在家教实践中,挖掘并培养孩子的兴趣是很重要的任务。保护孩子的兴趣是为了更好地合理开发、利用它,任何形式的不尊重、限制或否定态度都不利于保护孩子的兴趣,同样,对孩子的兴趣进行任何形式的过度挖掘都是竭泽而渔,都是极不负责任的行为。父母不能眼睛只盯着孩子的学习成绩,从而忽视了孩子的兴趣和要求。

达尔文在《自传》中曾说:"就我记得的我在学校时期的性格来说,其中对我后来产生影响的,就是:我有强烈而多样的趣味,沉溺于我感兴趣的事物,深刻了解任何复杂的问题和事物。"达尔文少年时代的兴趣对他创立生物进化论起了重要的作用。

古往今来,做父母的无不希望自己的子女"成龙"、"成凤",这本无可厚非,问题的关键是究竟怎样才能让孩子走上成材之路?婴儿从母体来到这个世界上就像一张白纸,父母的教育和引导就像是在这张白纸上做画,那么怎样才能做出最新最美的画呢?这就有一个如何善待孩子的兴趣的问题。

发明大王爱迪生,上学的时候,他对老师讲的问题都喜欢寻根究底,有时甚至唱"对台戏",他的"无理"被老师斥责为"捣乱"。为此,他的父亲十分生气,可是他的母亲却非常珍惜孩子的好奇心理,鼓

九 兴趣广泛，与别人有更多的共同话题

励孩子多问，并到学校求老师不要常常斥责她的孩子，想不到老师对此大发脾气。出于无奈，母亲只好让孩子退学，自己教他，还指导他做多种不同的试验，从中发现与培养爱迪生的创造才能。后来，这个只上了几个月小学的孩子，正式登记的发明就有1300多种，成为发明大师。

父母要做好引导孩子叩开兴趣之门的优秀导师。我们知道，家庭是孩子生长的最初环境，有人称它是孩子的"第一所学校"，家庭对形成兴趣具有重要和深远的影响。在家庭环境中，父母是孩子的"第一任教师"，父母对孩子的特殊兴趣、特殊能力的形成起着非常重要的作用。

父母的一言一行、一举一动，都会潜移默化地对孩子产生深刻的影响，孩子往往通过耳濡目染，学习和模仿父母的行为和兴趣。因此，孩子的兴趣与父母的兴趣有时是很相似的，父母有什么样的兴趣，孩子也容易形成什么样的兴趣。

第25届奥运会乒乓球女子单打冠军得主邓亚萍，就深受她父亲的影响。邓亚萍的父亲是一个乒乓球队的教练，她从小就看父亲打球、练球，很小的时候就迷上了乒乓球。一天，她对爸爸说："我要打球。"当教练的父亲吃惊地盯住她看了半天，因为她当时还不到5岁。最后父亲郑重地点了点头。从这时开始，邓亚萍每天坐在爸爸的自行车后，由爸爸送她去训练馆练球。

在爸爸的支持和鼓励下，邓亚萍苦练乒乓球的基本功，不久便进入了郑州少年体校。父亲对乒乓球运动的喜好，使女儿也喜欢上了乒乓球；也正是父亲对女儿的支持、鼓励和正确指导，使她的球艺大有长进。通过刻苦训练，邓亚萍终于登上了世界乒乓球冠军的宝座，取得了一系列的辉煌成绩。她的成功与父亲对她的影响以及教育是分不开的。

指挥孩子要用兴趣来指挥，调动孩子要用兴趣来调动。兴趣是一个法宝，兴趣是一个手段，兴趣是一个武器。兴趣可以攻破很多堡垒：科

学的，艺术的，哲学的，政治的，经济的，军事的，社会活动的方方面面。

兴趣是梦想的摇篮，兴趣是动力的源泉。童年阶段对周围事物产生好奇心、发生浓厚的兴趣，可能是终生成就的起点。

小兴趣左右大发展

父母千万不能小看孩子的兴趣与爱好的作用。兴趣是智力活动的巨大动力，是人们进行求知活动和学习的心理因素。兴趣比智力更能促进孩子学习，强烈而稳定的兴趣是从事活动、发展才能的重要保证。

姚明的父母是很民主的，在姚明小的时候，他们并没有刻意鼓励他把篮球当作自己将来的事业，他们只是想让孩子做自己喜欢做的事情。同时，在学习上，姚明的父母从来不逼迫姚明，而是以启发引导为主，重视培养他的兴趣。他们希望小姚明与普通的孩子一样读书、上大学、找工作，然后找到自己的生活方式。

直到姚明9岁时，才逐渐对篮球有点儿兴趣。到12岁的时候，他已十分喜欢篮球这项运动了。于是，父母就把他送到了上海体育学校，他在那儿每天都要打上几个小时的篮球。因离家比较远，姚明也就住校，这使得他有更多的时间来打篮球，他对篮球越发专注了。

那时候，姚明最崇拜的球员是阿瑞维达司·萨博尼斯、哈基姆·奥拉朱旺和查尔斯·巴克利，姚明还坦言他曾用"萨博尼斯"作为网名。在他的心目中，萨博尼斯是篮球中锋技术的教科书，"简直拥有了所有位置球员该有的技术"。姚明喜欢萨博尼斯打球的方式——娴熟的运球，用不可思议的方式把球传给空位的队友，精准的中远距离投篮。每当他

九 兴趣广泛，与别人有更多的共同话题

在场上时，他都会效仿他的偶像打球的方式。后来姚明很关注当时的休斯敦火箭队。这支球队以另一个敏捷的大个子哈基姆·奥拉朱旺为首，1994 和 1995 年连续两年赢得 NBA 的总冠军。

姚明迷上了这支球队，也非常崇拜奥拉朱旺。这些都使姚明对篮球更感兴趣，也使他打球的动力更足。最终，姚明登上了 NBA 的赛场，穿上休斯敦火箭的队服，取得了非凡的成就。

可见，兴趣对一个人的个性形成和发展、对一个人的生活和活动有巨大的作用。

对孩子而言，最重要的不是天赋而是教育。如果想让孩子的兴趣发挥作用，进而左右未来的发展，父母要在孩子广泛发展兴趣的基础上，按照孩子的特长及爱好，发展他们的中心兴趣。父母如果仔细观察孩子的各种"劳动成果"，就不难发现孩子的中心兴趣与爱好。保护这种兴趣爱好，对孩子的劳动成果给予充分肯定，让孩子体验到创造成功的快乐，然后加以培养与引导，一定会收到良好的效果的。

同时，父母要为孩子的兴趣发展创设良好的条件。比如，有的孩子爱好小制作，父母就该为他寻找或购买一些必备的工具及材料；有的孩子爱好音乐，有条件的父母就可以给他买些乐器。对孩子参加学校或校外组织的各种活动，如夏令营活动、参观活动等，父母也要大力支持，让他们更深刻地体验自身的兴趣和爱好，逐步使他们独具的特殊才能得到体现及发展。

兴趣可以使人智力得到开发，知识得以丰富，眼界得以开阔，并会使人更善于适应环境，对生活充满热情。兴趣对人的个性形成和发展起巨大作用。每个孩子都会对他感兴趣的事物给予优先注意和积极探索，并表现出心驰神往。

让孩子保持对学习的兴趣

兴趣在人的学习、工作及一切活动中起着动力作用，是学习动机中最活跃、最现实的成分。人们常说："兴趣是最好的老师。"确实如此，孩子一旦有了学习兴趣，在学习过程中就能自觉地克服困难，集中注意，强化记忆，活跃思维，促进学习活动有效的开展。有关资料统计表明，那些诺贝尔奖获得者的成功，首先是他们对所研究的学科有浓厚的兴趣。我们家长在激发、培养孩子的学习兴趣上多下工夫，是使孩子学得愉快、学有收获的重要途径。

在现实的教育中，许多教育工作者和家长都是重成绩不重过程，在开始时就错失了良机，而待孩子的兴趣枯死之后，他们才开始紧张杂乱地向孩子乱管一通。这是典型的填鸭式、注入式教育。在这种教育方法下，孩子很容易因失去了学习兴趣而厌学。

有一位老师经常说他学校里的一个故事。有一个学生，成绩非常好，总是考年级第一名，他的家长要求把孩子转入城关重点中学读书，这个学校的老师与校长不同意，都说第一名考上重点大学没有问题。可家长并没有听从老师们的意见，还是一意孤行地把他的孩子转入了重点中学。在重点中学，他孩子的学习成绩非但没有上升，反而倒退了许多，因为压力让孩子产生了自卑。不管周围的学习环境如何，认真努力了，就一定能取得好成绩。好学校固然有利于学生的学习，但也会产生一些负面影响，比如枯燥、郁闷、自卑等，是非常不利于学习的。有很多成功的人士书还没有读完就被迫退学，但他们还是凭借自己的努力奋斗取得了让我们羡慕的"成绩"。

父母在生活中，要留心观察，注意发现孩子已有的兴趣，并采取有

九 兴趣广泛，与别人有更多的共同话题

效措施去让孩子保持对学习的兴趣。父母可引导孩子进行观察学习，提问让孩子思考，给孩子提供有关的知识信息，耐心地回答孩子的提问等。例如，父母发现孩子对风、云、雨、雪等自然现象发生时表现出兴趣，就可以给孩子讲有关的神话传说，用通俗易懂的语言告诉孩子这些现象形成的原因，并用生动形象的比喻来帮助孩子理解，让孩子闻其未闻、见其未见，激发兴趣，并在此基础上引导孩子去注意观察其他自然现象，教他新的自然科学知识，使其兴趣扩展到整个自然科学领域。

想要孩子始终对学习有兴趣，父母应该平和自己的心态，以平常心对待孩子的成长，给孩子相对的自由选择空间。须知道孩子有自己的思想、性格、志向等，自己未达的愿望寄希望于孩子往往发生思想冲突，导致立场对立，最终得不偿失。

同时，要遵循孩子成长和发展的规律，切勿操之过急。望子成龙、望女成凤的心情可以理解，但是如果不考虑孩子自身的客观情况，不仅剥夺了孩子童年时应有的欢乐，还会使孩子产生厌学情绪，非常不利于孩子学习兴趣的培养。

人与人之间本无多大区别，每个孩子都有自己的兴趣和爱好，都可能是天才，父母应善于发现和捕捉孩子的兴趣中的闪光点，并一定要积极正确的引导，来保护和增强他们对学习的兴趣，发挥他们的特长，使其快乐地求知、自然地成长，力求养成良好的学习习惯，用积极的态度来取代逆反心理，做到德、智、体全面发展。

要知道孩子的真正兴趣在哪里

孩子在很小的时候，父母是培养其各方面兴趣的关键。为人父母者，要做好引导孩子叩开兴趣之门的优秀导师。在培养孩子的兴趣之前，首先要知道兴趣是怎么产生的。

兴趣是指一个人经常趋向于认识、掌握某种事物，力求参与某项活动，并且有积极情绪色彩的心理倾向。例如，对绘画感兴趣的孩子，就把注意力倾向于绘画，在言谈话语中也会表现出心驰神往的情绪。

爱好是在兴趣的基础上产生的。如果孩子对某项活动发生了兴趣，就会产生参与这种活动的动机，继而参与这项活动。在活动中他会感到很有趣，于是就产生了对这项活动的爱好。这一过程可以这样表示：兴趣→动机→行为→爱好。

一般说来孩子对一件事物的关注时间越长，喜爱得越深，越接近他的真正兴趣。

罗宁是喜爱看足球，和多数足球迷一样，他狂呼"地球因足球而转动，我们因足球而生存"，"生命诚可贵，球赛更重要"。一个不大的"球"，主宰了罗宁全部的生活。他的房间是足球明星汇聚的"殿堂"——马拉多纳、罗伯特·巴乔、贝利、罗纳尔多、欧文、菲戈、贝克汉姆……这些闪光的名字和精彩的图片，在他那小房间里各显其风采。还有精彩的射门镜头、疯狂的角逐场面、无奈的红牌罚下……他对这些简直如数家珍。意甲联赛、欧洲杯冠军赛、德甲联赛、世界杯……精彩的赛事他是场场不落、废寝忘食。

每天放学后，同学们总能在学校的绿茵场上看到他的身影，看到他那高人一等的足球技术，很多人都会为之赞叹。但他对足球的爱好却令父母备感担心。原因很简单，罗宁的学习成绩，随着他的足球技术的提高而频频下跌，大有为足球而不惜放弃学业的意向。

一次家长会后，爸爸铁青着脸质问罗宁："老师说，你上课精神不集中，学习劲头不足。下课整个班级就你的声音最大，一有时间就去踢球。那你说说，你计划考什么大学？考体校吗？"爸爸强压怒火问儿子。

"考大学还远着呢，现在说有什么用？"罗宁接茬儿。

九 兴趣广泛，与别人有更多的共同话题

爸爸一听就气不打一处来："什么有用？这个有用，还是这个有用？"爸爸一边说，一边把写字台上面摆着的足球杂志和球星照片统统都扔到了地上。

儿子大怒："您干什么呀？您干嘛扔我的东西？"

"你的东西？就这些破烂你还留着干嘛？没有它们你能整天心不在焉吗？没有这些东西勾着你，我就不信你会考得这么差？"爸爸一边说，一边动手撕墙上贴着的海报。

这下可激怒了罗宁，他抓起书包，冲出了家门，很多天都没有回家。罗宁在一个同学家借宿，心里充满了对父亲的恨，恨他不尊重自己的选择，摧毁了自己的梦。

如果孩子有自己的兴趣爱好，此举是为了编织自己的梦，那么父亲粗暴的斥责或反对，都会给孩子造成很大的打击，甚至会导致父子反目。对于这样的孩子，教育的重点，应该是帮助孩子，在学习和自己梦想之间达成平衡，使孩子在不影响学习的前提下，根据孩子的兴趣来培养孩子。

孩子的兴趣往往表现出一定的不稳定性。在日常生活中，我们已经注意到了孩子的兴趣会随着时间的推移而有所改变，不久前还很感兴趣的东西，现在已"靠边站"，让位给其他更感兴趣的事物了。

孩子的兴趣有一定的可塑性。经常听父母抱怨说，我们的孩子对什么都感兴趣，就是对学习不感兴趣。其实不然，只要用合适的方法引导，孩子的兴趣在一定程度上是可以塑造和改变的。

孩子的兴趣还具有广泛性。从一定意义上说，孩子的兴趣就好像孩子的胃一样，生来就已经准备好接受任何"食物"，只是由于经过外界环境长期潜移默化的熏陶，而对不同的事物表现出的兴趣程度不同而已。

不要让孩子在许多种兴趣之间穿梭，那样会使孩子应接不暇，疲于

应付。不要指望孩子的兴趣会在一夜之间就奇迹般地开花，也别认为"狂轰滥炸"有利于培养孩子的兴趣，相反，那将破坏孩子的兴趣。

父母很难确定孩子究竟有什么兴趣，这确实是一个问题，但是，假如没有尝试，不多给孩子一些机会，父母就更不能发现孩子的真正兴趣所在了。这时，父母需要多花点时间。其实，寻找孩子兴趣的过程也是一个不断尝试的过程。

不要随便干涉孩子的兴趣

生活中，我们往往会发现有的父母粗暴地强制孩子放弃某些兴趣、爱好，强迫孩子去做他们根本不感兴趣的事。这类父母的做法是十分不明智的。只要孩子的兴趣、爱好不是有害的或是不良的，我们就要加以鼓励与保护，并且尊重孩子的兴趣、爱好。因为孩子的兴趣、爱好是引导孩子获取知识、培养能力、开发智力的有利条件。

人和人的兴趣不一样，这是我们父母所要接受的事实；孩子也有他们自己的兴趣，我们不能把我们的兴趣强加给孩子。即使孩子的兴趣显得简单、幼稚，但是我们做父母的也不能因此而无视它的存在。

父母要对孩子的个人嗜好感兴趣。要务必记住，孩子的兴趣之苗一旦破土而出，就一定要精心呵护，而不要让其因被"杂草"淹没而枯萎，更不要随意破坏。因为"兴趣是最好的老师"，兴趣可使孩子的智能得到最大限度的、最持久的发挥。

西晋时，左思的父亲左熹一心想让儿子学书法，因而，不惜重金聘请名家来指导。可左思对此却不感兴趣，学无所成。接着，左熹又让儿子学琴，结果学了好长时间竟弹不出一支像样的曲子。这时，左熹从失

九 兴趣广泛，与别人有更多的共同话题

败中懂得了尊重孩子兴趣的重要性，他根据儿子性格内向、记忆力好、对文学有特殊偏好的特点，因材施教，让儿子学诗赋。从而左思如鱼得水，进步神速，不出几年，写得一手漂亮文章，最终成为西晋著名的文学家。

人们对有兴趣的事情往往容易全身心地投入，最容易见成绩；反之，则难得成就。人最可悲的是一生对什么都没有特殊兴趣与爱好，孩子最不幸的是父母凭主观意志扼杀其兴趣与爱好。

然而，生活中总有很多的父母无视孩子的兴趣与爱好，强行剥夺孩子的兴趣，其结果必然会束缚孩子的发展。

由此可见，孩子的发展应当是全面的。父母培养孩子首先要发现孩子的特长与爱好，不要学"泥人张"，要学"根雕家"。根雕家的艺术原则是发现、尊重根形的特点，然后经过艺术加工，使其特点更为突出，更为生动，最后成为精品。

孩子们需要用一种方式去释放他们的激情，对于孩子的兴趣、爱好，父母应该首先选择尊重、接受，然后选择参与利用他们的兴趣爱好，这样不仅能与孩子之间有良好的关系，而且更能从中找到合适的教育方法。

首先要承认孩子有爱好的权利。在遇到此问题的时候，做父母的就是要承认孩子可以有自己的喜爱与兴趣。作为孩子，他们也有爱好与兴趣的权利，父母不应该随便干涉。

其次要尊重孩子的喜爱与兴趣。在当今多彩多姿的生活里，人的个性与兴趣得到较充分的发展，有了较大的自由。发型、服装只要不是极为怪异，音乐不是下流低级，就应该允许孩子自己选择，当然在承认与尊重的前提下，父母还是可以进行适当的引导，培养孩子高尚的趣味和情操。

当父母准备干涉孩子的兴趣、爱好之前，不妨先听听孩子的意见，

尊重他的选择。今天的父母都希望自己的孩子多才多艺，成为一个优秀的孩子。那么，假如让孩子学，一定要仔细观察，再选择一种比较适合孩子性情及兴趣的才艺。千万不要让孩子一下子接触得过多，或强迫孩子学习没有兴趣的东西，破坏了孩子以后学习的信心与欲望。

"兴趣是最好的老师"，这是爱因斯坦的名言，可令人遗憾的是，在我们的许多家庭中，往往在孩子的兴趣之火刚刚烧起来时，就兜头一盆凉水，将它浇灭，很可能因此而扼杀了一个天才。一个人，只有当他具备了一定的爱好和特长的时候，他才能更好地适应社会，他才能生活得更有意义。

总听一些父母抱怨：孩子不懂事、不爱学习，所有的孩子都是这样吗？我们先看一个一个事例。

雪尼从两岁时就开始学钢琴、上识字班、学美术。上小学以后，雪尼的妈妈又给他报了奥数班、少儿剑桥英语班、舞蹈班、音乐班，每个节假日时间填的满满的，雪尼几乎没时间玩。她想去公园，可星期天全被各种各样的特长学习班占了；她想滑旱冰，可妈妈说那是浪费时间；她看见妈妈在浇花，就一边开心地帮忙，一边缠着妈妈问这问那，可妈妈却说，别吵吵，赶快去练琴！现在，雪尼就要考中学了，可她对学习却越来越没有兴趣。妈妈愁得唉声叹气，总说雪尼不争气。后来经询问才知道，原来雪尼妈妈当年很优秀，由于种种原因导致没有大的作为，如今把希望全寄托在孩子身上了。

其实雪尼妈妈错就错在逼孩子学习，而不是去引导孩子，让孩子自己喜欢学习。

在我们当今的大中城市里，甚至大部分县城中，像雪尼妈妈这样的父母比比皆是。一项家庭调查不完全统计表明：有80%以上的父母给孩子报了各种各样的课外辅导班，而在这80%的孩子中，又有80%以上的孩子对此有逆反心理。可怜天下父母心，父母不惜一切代价在孩子

九 兴趣广泛，与别人有更多的共同话题

身上倾注着自己的时间、精力和金钱，结果呢，他们的苦心却总是适得其反。

从上面的事例我们应该知道：爱护和激发孩子的兴趣极其重要，这就要求我们父母，不要根据自己的意愿和期望来为孩子选择将来的路，并强迫孩子去顺从和适应，而要从孩子自身的兴趣和爱好出发。否则，在孩子成长的过程中，他们兴趣的幼芽可能会一再遭到践踏。这样，随着孩子年龄增长，兴趣和热情将容易泯灭，从而导致他们难以产生对事物的兴趣和热情，他们的潜在能力发挥的余地也会越来越小。

在法国一个偏僻的小山村里，诞生了一位很有名望的昆虫学家，他就是闻名世界的法布尔。那里山清水秀、宁静和谐，给小时候的法布尔带来了无穷的乐趣。法布尔的祖母养了好多鸡鸭，而且常常抓些昆虫给鸡吃。每当祖母手里拿着装昆虫的瓶子喂鸡时，法布尔就趴在栅栏外边出神地看着小鸡抢虫子吃的情景。懂事的法布尔为了让祖母休息，每天抓小虫子喂鸡。抓着、抓着，法布尔对各种各样的小昆虫感兴趣了。他通过观察、接触，渐渐地掌握了很多昆虫的习性，也因此为他的以后打下了坚实的基础。

后来，法布尔考上师范学校，对生物学产生了浓厚的兴趣，尤其是对昆虫特别偏爱。他常常把美丽的蝴蝶分成类，做成蝴蝶标本，夹在标本夹里。在毕业的讲演会上，他讲演了如何区分害虫和益虫的方法。

毕业后，他在一所中学任教，除了完成正常的教学任务以外，仍致力于昆虫学的研究。就在这一时期，他提出的"人工养殖益虫"、"利用益虫去治害虫"等方法，对昆虫学的发展做出了贡献。之后他又完成了《昆虫记》等多部流传于世的不朽之作。

法布尔正是由于对昆虫产生了浓厚的兴趣，才为之投入了全部的热情去进行研究，以至于成为一名昆虫学家，为昆虫学界做出了不朽的贡献。

一位名人曾说过："从庸俗到天才只差一步。"世界上之所以天才人物如此之少，原因大概就在于此吧。

孩子的兴趣不是你的兴趣，你很容易就被自己所忧虑的事霸占住了。然而，真心实意地认可孩子，就是要对孩子的朋友、游戏、嗜好都感兴趣。当你对孩子所做的事情感兴趣的时候，他们就会发光、发亮。

引导孩子的兴趣，家长首先应当做个有心人

几乎所有的孩子都对一些事物有浓厚的兴趣。一只小鸟、一只蚂蚁、一条小鱼或者是一群蜜蜂，都会吸引孩子很长时间的注意力。要他们花15分钟去背诵一首小诗或一段名篇，往往是十分困难的。但他们会在没有任何督促与要求的情况下，花上一个上午去观察一群蚂蚁的活动。这几乎是每个父母都很熟悉的情景，他们兴致勃勃，心无旁骛，即使太阳把背晒脱皮，或者汗水顺着脖子往下流也不在乎。这就是兴趣的力量。

然而，很多父母理智地、毫不怀疑地认为，即使让孩子花上一两年的时间去和蚂蚁玩，他也不能增长多少知识，这时的关键就在引导。引导他从中去获得新的知识、方法和对孩子有益的习惯。小斯宾塞正是从"蚂蚁的课堂"开始了对他一生都有影响的知识之旅的。

当老斯宾塞发现小斯宾塞开始在花园里对蚂蚁产生兴趣时，便也加入了他的"兴趣小组"。第一天，仅仅是看、是玩。看它们怎样把一粒面包屑搬回来，怎样跑回去报信，带来更多的蚂蚁……第二天，斯宾塞拟出了一份关于蚂蚁的"研究"计划：

——在"自然笔记"里开设蚂蚁的专页。

九 兴趣广泛,与别人有更多的共同话题

——从书本上更多地了解蚂蚁,并做笔记。

——蚂蚁的生理特点:吃什么?用什么走路?用什么工作?

——蚂蚁群的生存特点:蚂蚁群有没有王?怎样分工?怎样培育小蚂蚁?

有了目标,小斯宾塞的兴趣更浓了。假如说开始他只是感觉好玩,那么现在他还觉得更有意义了。这项"研究"计划持续了几乎一个夏天。事实上,在这份计划里,已溶入了系统获取知识的方法,还能培养孩子专注达到目标的意志。

类似这样的事一件又一件地"必然地"发生在小斯宾塞的身上。蚂蚁之后是鱼,鱼之后是鸟类,鸟类之后是蜜蜂。有趣的是,小斯宾塞不仅仅学习这些动物的一般知识,而且开始发现它们的一些"群类特点"。

老斯宾塞是名教师,而小斯宾塞全名赫伯特·斯宾塞,是世界上最著名的教育家、实证主义哲学家和社会学家,被后人誉为"历史上的第二个牛顿"。

父母在这种事上"所表现出来"的兴趣会使孩子获得肯定,而有目的的引导不知不觉地让孩子学会了求知的方法。

"兴趣是学习和求知最大的动力",这句古老的谚语今天和以后都不会过时。这不仅仅是一种方法,它所包含的是人类知识的一个古老而充满智慧的法则。同样,"引导是教育和培养孩子的最好的方法",这句话今天和以后也不会过时。

兴趣是孩子对事物的主动选择,引导则是促使和加强孩子的这种主动性,使兴趣变得持久、有目的。

遗憾的是,许多父母虽然对孩子有强烈的教育和培养的愿望,但往往会指责孩子的一些"没有用"的兴趣。父母们会按照社会或学校既定的模式去设计孩子的未来,并企图把孩子的兴趣与这些模式联系起来，企图把一些"有用"的兴趣保留，一些"没用"的则删除掉。而实际上，对于孩子的心智发展来说，很难用"有用"或"没用"去区别他们的兴趣。应该说，每一种兴趣对孩子的求知来说，都是有价值的，明智的父母总能利用这些兴趣把孩子引向各类知识的殿堂，并培养出孩子好的求知习惯。

就利用孩子的兴趣，通过引导的方式来开启和培养孩子的智力，下面有几条建议不妨参考：

引导孩子通过自己查阅和请教别人的方式来获得知识。

利用这种兴趣可能给他带来的快乐专注，从而使他获得与这一兴趣相关的知识。

当孩子对某件事物表现出兴趣时，不能简单地因为自己认为"没用"而指责、否定他。

记录是使知识存留下来，并训练使用文字、图画、书籍的好办法。

尽量不使用"任务"、"作业"这类词，而代之以有趣的开头。

对于还不具备文字记录能力的孩子，父母也要给他准备一个笔记本，把题目写下来，让他口述。

所有的父母都应当知道，每一个孩子都会对不同的事物产生不同的兴趣，每一种兴趣都会引导孩子培养某种特长；所有的父母和老师也应该知道，世界上没有笨的孩子，只有方法不恰当的父母或老师。

十、具备集体精神，做个合群的孩子

　　团结合作是人类社会得以存在和发展的基础，没有合作就没有人类的今天。从古代的男耕女织到现代的集团公司，团结合作一直是社会发展的一条主线。人类越发展，社会越进步，团结合作就越重要。这是因为随着生产力的提高，分工越来越细，一个人只是生产链上的一个小环节，没有与别人的合作根本生产不出完整的产品，更不要说获得成功。基于这样的现实，父母应该努力培养孩子们的团结合作精神，这样才能保证孩子将来不会被社会淘汰，才能尽到自己做父母的责任。

团结合作的精神对孩子的未来非常重要

从前，有个国王得了一种世界上罕见的怪病，经医生诊断，此病只有喝了狮子奶才能痊愈。可是怎样才能得到狮子奶呢？大家都一筹莫展。一个聪明的男孩得知此事后，想出了一个办法。他每天都跑到狮子洞附近给母狮子送上野物，到第十天时已经和母狮子很亲密了，他试着从狮子那儿取到了一点儿狮子奶，给国王当药用。

可是在去王宫的路上，他身体的各个部位却在为"谁的功劳大"吵了起来，闹得不可开交。

脚说："如果没有我，就走不到狮子洞，自然就取不到奶。"

手说："如果没有我，怎么能拿到奶？"

眼睛说："如果没有我，看都看不到狮子，怎样取奶？"

这时舌头说话了："大家不要吵了，取到狮子奶是我们大家合作的功劳，少了谁都不行。"

身体的其他部位一听气愤极了，纷纷指责道："你这样说是不是在暗示你的功劳最大？你完全没有价值，这里没有你的份儿。"

"到底我有没有用处，待会儿你们就知道了。"舌头不再争辩，一路上保持沉默。到了国王那里，男孩献上狮子奶，国王分辨不出这是什么奶，便问那男孩，舌头为了教育大家，故意说："这是狗奶。"这时身体各部位才知道舌头的重要，连忙向它道歉，舌头改口道："是我说错了，这是货真价实的狮子奶。"

狮子奶治好了国王的病，国王给了这个小男孩很多赏赐。他身体的各部位明白了团结合作的重要性，以后再没有为"谁的功劳大"争吵过。

十 具备集体精神，做个合群的孩子

前人曾经为我们留下这样一句至理名言："帮助别人往上爬的人，会爬得最高。"一个人只有帮助另一个人爬上一棵果树，才能品尝到自己梦寐以求的果实，并且一个人越是善于向别人提供帮助，越是善于与别人合作，就越能够品尝到果实。就像这个故事中小男孩身体的各个部位一样，只有它们共同努力，才能共同享受国王的赏赐。

现在社会正处于知识经济时代，各行各业的竞争日趋激烈，这些竞争并不是靠个人的单枪作战就可以取胜的。团队精神在竞争中越来越重要。个人的能力是有限的，很多工作需要团队合作才能完成。然而，在独生子女比例相当大的今天，每一个孩子好胜心都很强，都想胜过他人。不幸的是，这些孩子大都缺乏合作意识，缺乏与他人相处和交往的基本技能，更少有利他行为。这种状况与我们所处的需要合作意识的信息时代甚不合拍，十分令人担忧。

对此，父母在鼓励孩子与人交往的同时，更要提醒他们学会与人协作，树立很强的团队意识。两人为"从"，三人为"众"，我们的社会是由人组成的，社会的发展需要人的团结合作。每个人都要借助他人的智慧完成自己人生的超越，于是这个世界充满了竞争与挑战，也充满了合作与快乐。学会合作，是对人与人之间、民族与民族之间、国家与国家之间互相依存程度越来越高的时代提出的一个十分重要的命题，这对父母在孩子适应社会的能力以及健康积极的个性的培养上提出了更高的要求。对当代的父母来说，在孩子很小的时候就培养他们与人协作的团结精神尤为重要。

深圳市某小学以一座群狼雕塑作为自己的标志，倡导孩子学习"狼"的精神。学府小学是一所公办小学，大约有学生一万名，在创办之初就有"引狼入校"的打算。创校两年后，该校竖起一座标志雕塑，刻画的是一群出征的狼：下面的头狼发出号令，上面一群精悍的狼正傲视苍穹，昂首向前方未知的世界奔跑。雕塑的底座上刻有这样一句话：

"东方似'羊'的教育，培养的是温文尔雅、逆来顺受、安于现状的人；西方似'狼'的教育，培养出的是个性张扬、敢于挑战的人。"

校方的有关人士表示，在物竞天择、适者生存的世界里，父母应该通过对狼的性格的剖析，教育孩子们成为强者，并且用狼的团队意识、勇敢精神来激励孩子，培养孩子的勇敢、团结和协作精神。姑且不说这种"引狼入校"的做法是否妥当，这种教育孩子学会团结、与人协作的意识是十分可取的。"独木不成林"、"团结力量大"，这是古人为我们总结的道理，在当今的社会中对孩子来讲更为实用。

随着社会的发展，分工越来越细，许多工作被分成好多工序，一个人不可能单独完成一件事情，要成功就需要几个人、十几个人甚至成百上千人的合作。因此，团结合作越来越重要。一个不懂得合作、认识不到团结的重要性的人不可能在社会上立足，更不可能取得成功；没有认识到团结合作的重要性的父母，不可能教育出一个成功的孩子，更不可能为孩子未来的幸福打下基础。这样的父母是失职的，这样的孩子是可悲的。

为了孩子的未来，为了孩子的幸福，希望所有的父母都应该认识到团结合作的重要性，并切切实实地将其贯彻到孩子发展的每一步。

心理学家曼恩说："习惯仿佛一根缆绳，我们每天给它缠上一股新绳，要不了多久，它就会牢不可破。"每个人的能力都有一定限度，培养与人合作的习惯，可以弥补自己能力的不足，达到自己原本达不到的目标。

帮助孩子正确理解合作

约翰和迈克是一对要好的朋友，可自从一块进了篮球队之后，就各自暗地里较劲，朋友关系似乎疏远了许多。约翰因为技术略胜一筹、奔

具备集体精神，做个合群的孩子

跑能力强而打前锋，自然是全场瞩目的焦点，迈克的灵活性和良好的组织能力使他承担着组织球队进攻的核心任务。不过由于彼此不合作，给他们带来了很多不快，甚至有时由于他们的不配合影响了球队的发挥。

这一点很快被他们的教练看在眼里。教练把他们俩叫到面前，明确地向他们宣布，如果他们在训练中不互相配合，将同时被取消参加正式比赛的资格。教练还特地安排他们俩配合练习，两个人虽然心里尚存疙瘩，但惟恐哪一天被逐出球队，所以还是听从教练的安排，努力练习。他们甚至在回家的路上也常常交流球技，没多久两人之间的友谊又重新建立起来。更重要的是，他们的球技有了长足进步，成为球队中一对完美的组合，被人们戏称为"尖刀组合"。

现代社会处处充满竞争，因此人与人之间的关系似乎总是敌对的，每个人都有排斥他人的心理，其实竞争只是社会生活的一个方面，在竞争之外更需要人与人之间的合作。有效的合作其实就是互相利用资源，互为弥补不足，以共同获得更大利益的过程。在这一过程中，对别人的接纳和欣赏非常重要，因此父母要让孩子学习欣赏别人的长处，同时善于发挥自身的优势。

教会孩子从三个方面理解合作。

第一，合作在于欣赏他人。

父母可以通过自身的言行，或者通过讲故事的方式，让孩子明白每个人都各有所长、各有所短。因此，我们不要妒嫉或是轻视别人的长处，也不要对自己失去信心，而是学会以彼此的长处互为所用，从而达到共同成长的目标。当然，要让孩子真正做到这一步不是很容易的事情，在这方面也是需要训练和培养的。父母不妨鼓励孩子多参与运动、游戏，在规则内进行竞争与合作、欣赏与互助。球类等竞技类活动可提高孩子自觉合作的愿望和水平，此外也可运用必要的奖惩加强适度竞争下的合作。

第二，合作始于独立。

父母首先要重视对孩子的独立性培养，不仅要及早让孩子学会吃饭、穿衣、整理物品等一些自我服务能力，同时要放手让孩子自己去想去做，还要提供机会让孩子独立思考、独立选择、独立解决问题，使孩子有足够的信心和能力去主动参与各种合作活动。父母能为孩子提供最为直接的合作机会，莫过于让孩子直接参与家庭事务及家庭活动，以便增强孩子与他人合作的能力。

父母让孩子帮助做家务时最好是既分工又合作，共同做好事情，如炒菜、布置客厅等。孩子会觉得自己非常重要，像个成人，对自己能够做的事情感到骄傲。让孩子跑跑腿、做一些琐碎小事等，都可以给孩子充分的机会锻炼自己。如果孩子把事情做得不够理想，父母也要多加鼓励。父母要让孩子感觉到在这些家务中，他的作用是重要的，于是孩子会懂得一个"合"字，也就培养了孩子与别人合作的愿望、合作能力及行为。孩子们从小在家庭中学到的知识、培养的合作精神，都会渗透到他们的性格中去，在长大后带入社会。

第三，合作需要协商技能。

人的合作意识不是天生就有的，是在合作的过程中逐渐萌发并得到强化的。在这一过程中，合作的技能直接影响合作的进展和结果。

孩子之间许多问题的发生，都是因为缺乏一定的合作技能。比如两个孩子都在玩过家家，而小锅子只有一个，谁都想要，此时就很容易发生纠纷。这时如果父母能进行引导，教孩子掌握一些协商的技能，比如两人可以轮着玩，或者两人分配角色，一个烧饭，另一个出去买菜等，孩子就会从中体验到合作成功的快乐和满足，从而激发进一步合作的兴趣和动机。

一旦孩子具备了与人协商的技能，就会受益匪浅，下边的例子就是最好的证明。

具备集体精神，做个合群的孩子

在某个教室里，老师正在引导学生做一个非常有趣的游戏——"火海逃生"。老师将一把乒乓球放进瓶子，只露出系着球的棉线。花瓶代表大楼，细细的瓶颈是惟一的出口，七只乒乓球则是楼里的居民，要求当大楼突然起火时，全部居民能在短时间里安全逃离。七名学生兴奋地上场了，他们各执一根棉线，报警器一响，都以最快的反应拉扯绳子，可一个"人"也没有脱离火海。原来七只乒乓球卡在了瓶口，这几个学生面面相觑。这时，其中一个同学小声跟同伴们商量了几句，又开始了第二次实验。这回大家没有各顾各地拉绳子，而是由左到右依次地拉。果然，报警器的尾音还没结束，七位"居民"已离开了出口，转移到了安全地带。

虽然这只是一个游戏，但是也折射出现实中的某些东西：与人协商才能够更好地化险为夷、转败为胜，一味恶意地竞争则可能导致两败俱伤、一塌糊涂。

独立是合作的基础，在一个群体中，独立能力强、善于独立思考并做出决定的人更容易受到大家的欣赏和认同，形成更深入的合作，而一些事事依赖别人或受制于别人的人则很难与人达成真正的合作协议。可以说，真正的合作是在彼此独立的基础上充分发挥各自的优势，为了共同的目标进行相互协商、相互沟通从而取得最大功效的过程。

理解和宽容是合作的基础

印度民族英雄甘地在回忆自己的成长过程时说："是父亲崇高的宽容态度挽救了我。"甘地出生在一个小藩王国的宰相之家，从小就爱撒娇，性格也不开朗；对父母十分顺从，对周围的事物也特别敏感；自尊心很强，一旦被人奚落，马上就会哭鼻子，在学校一挨老师批评，就难过得受不了。

少年时期，甘地由于好奇染上了烟瘾，后来发展到偷兄长和家臣的钱买烟抽，而且越陷越深。渐渐地，甘地认识到偷别人的钱、背着父母抽烟的行为太可耻了，一想起来就觉得无脸见人，内心十分痛苦，甚至还想过自杀。当他终于忍受不了痛苦的折磨时，便把自己的整个堕落过程写在了笔记本上，鼓足了勇气交给了父亲，渴望得到父亲的严厉批评、惩罚，以减轻内心的痛苦。父亲看后非常生气，心情也十分沉痛，但父亲深爱着甘地，因此没有责备他，只是伤心地流下了眼泪，久久地凝视着儿子。

看到父亲痛心的样子，甘地受到极大的刺激，更加悔恨、内疚、自责，深感有负于父亲对自己的期望。在父亲的帮助和鼓励下，甘地痛下决心，彻底改正了错误，走上了正路。从那以后，甘地在思想和行为方面很少出现过失。事隔多年，每当甘地回顾那段岁月时，总是激动不已，心情久久不能平静。没有父亲的宽容，就没有父子拯救迷途羔羊的合作，更没有甘地后来的伟大成就。

甘地的事例说明了宽容力量的巨大，只有正确运用宽容，才能以情感激励别人，促进合作的成功。试想，如果甘地的父亲看完儿子的"自白书"后不理解孩子的处境和心情，狠狠地把甘地揍一顿，就会让自己接下来的教育工作很难开展。因为甘地不会跟他合作，即使合作也不会积极，所以这样的合作效果是很差的。

理解别人、宽容别人能够获得信任和支持，也是赢得合作的基础。因此父母应该教育孩子设身处地地为别人想一想，遇事多问问"如果我处于那样的处境，我会怎么想，怎么做？"父母本身具备的品德一般在孩子身上都能找到，因此父母首先要为孩子树立一个宽容、理解的榜样，而且最好是先从理解孩子、宽容孩子开始。

具备集体精神，做个合群的孩子

比如说，有个小孩子玛丽很喜欢玩水，平常洗澡也很积极，可是有段时间却很不听话，在妈妈为她洗澡时总是扭扭捏捏，很不合作。这天晚上，妈妈把水温调好，过来抱玛丽洗澡，玛丽又借故拖延、无理取闹。妈妈又是哄又是骗的把玛丽拖到了浴室门口，可是刚到浴盆旁玛丽又逃进了自己的房间，并把房门给插上了。

妈妈为此很头疼，不知道该拿女儿怎么办。后来妈妈了解到女儿之所以这么不合作，是想和妈妈较量一下，看妈妈能把自己怎么样。了解到这一情况后，妈妈开始寻找解决的办法，首先妈妈知道采用粗暴的态度是不行的，那样只会让女儿更不合作，最好的办法是理解女儿、宽容女儿。妈妈试着向玛丽讲道理，告诉她妈妈有多辛苦，多疼她，妈妈会尽力理解她的，也希望她能理解妈妈；妈妈不计较她的错误，也希望她能宽容妈妈的不是。后来，玛丽放下自己小小的"想法"，与妈妈"讲和"了。母女俩再次合作，浴室里充满了笑声。

孩子们都会有这样的想法，当他们认为父母理解自己的想法时，就乐意与父母合作，愿意听取父母的意见，共同找到解决问题的方法。以下介绍三种赢得孩子合作的方法。第一，把自己的经验、故事与孩子分享，告诉他，我们也曾有过类似的感觉；第二，向孩子讲出我们懂得他此刻的感受，让孩子理解我们的宽容；第三，在上面两步成功的完成后，孩子准备好倾听我们的意见了，此时父母可以问他是否愿意一起寻找解决问题的方法，问他是否有不同想法，将来如何避免发生同样的问题。这完全是以探讨的口吻与孩子协商的，孩子一般会合作。如果没有效果，父母可提出一些建议去寻找共识。

此外，父母应该让孩子多参加一些集体活动，使孩子在集体活动中自觉地意识到理解与宽容在合作中的重要性。同时，要培养孩子在集体活动中做一个有责任感的人，做一个让人信赖的人，使孩子知道一个人要想赢得别人的信赖，自己必须要言而有信，与人友好相处。应该注意的是，在活动中如果自己的孩子与别人的孩子发生争执时，父母千万不要过早干预，在很多情况下孩子会自己解决矛盾，从而获得与人相处的经验。

父母还要教育孩子多关心父母、关心他人，一个学会关心他人的孩子自然就能与别人合作了；一定要鼓励孩子在平等的原则上选择朋友，教育孩子严以律己、宽以待人，不要轻易怀疑、怨恨、仇视他人，更不允许孩子欺侮弱者，培养孩子善于同与自己意见不同的孩子合作。广泛的社交、和谐的人际关系，也是提高孩子与人合作能力的关键。

宽容是一种美德，父母要培养孩子宽容的美德，教会孩子谅解、宽容别人的错误和过失，如此才能使合作顺畅进行。父母在孩子出现品德过失的时候适当地给孩子以谅解、宽容，与一味地对孩子进行批评处罚相比，往往更能让孩子心悦诚服，给孩子留下较为深刻的印象。并且，父母的宽容也影响了孩子的宽容，培养孩子宽容的习惯。

让孩子学会与家人密切合作

很多孩子都喜欢到郊外野餐。这天是周末，父母决定带威尔逊和埃迪去国家公园野餐。前一天，一家人进行了分工，妈妈负责去超市买食品，爸爸准备烤肉的炉子，11岁的威尔逊负责准备调料，9岁的埃迪提出负责所有餐具。爸爸提醒孩子们应该列出一个单子，这样可以防止遗漏，如果家里不够还可以去买。埃迪很快列出了单子，请爸爸过目后便开始准备了，威尔逊却跑到外面玩去了。

爸爸警告威尔逊要带齐调料，否则野餐时大家都不能吃好，威尔逊一边往外跑一边说："放心吧爸爸，我会带好的。"爸爸不大相信他会准备齐全，想自己来做，转念一想应当给威尔逊一个教训，一个锻炼的机会，便没有再督促他。威尔逊玩到很晚才回来，到厨房里忙了一会儿，搞出来一袋子瓶瓶罐罐便回房去睡了。第二天一早出发，爸爸并没有检查威尔逊的准备工作，一家人高高兴兴上路了。

走了两个小时的山路，选好了野餐的地点，大家开始准备午餐。肉烤熟后，爸爸开始往烤肉上倒调料，却怎么也找不到烤肉汁，只好问道："威尔逊，烤肉汁在哪里？"威尔逊伸手到袋子里去找，却怎么也找不到。

"我记得从冰箱里拿出来的，怎么会没有？"

"你有没有列在单子上？"

"我没有列单子，我记得我把所有的调料都拿出来了。"威尔逊又翻了一遍，大家都在那里等着。最终，威尔逊没有找到烤肉汁，惭愧地低下了头。由于疏忽，威尔逊不但影响了自己，也影响了家人，使本来快快乐乐的活动大为逊色。不过这次野餐对威尔逊的教育却是深远的，让他懂得了作为集体的一员，应该具备责任心，做好自己份内的事情，否则会使整个集体的利益受到损害。

孩子参加的第一个团体活动是家庭活动，尽管家庭与孩子的同伴团体不一样，但也可以培养孩子的团队精神。因此，培养孩子的合作精神自然而然地从家庭开始，最有效的一种方法就是在家庭生活中让所有的人都清楚自己的职责，然后"合作"做事。

父母要努力培养孩子的合作精神，包括教育他们懂得如何协调自己与他人的利益，使得整体活动得以进行。这里并不是要求孩子们放弃自己的要求，而是让他们知道，如果想使整个家庭生活的秩序不被打乱，每个家庭成员的生活要求都能够在最大程度上得到满足，需要每人都向同一方向努力，学会考虑如何做才能使家庭整体的利益得到最好的保护；要使孩子所想的不仅仅是自己需要什么，而是整个活动、整个家庭需要什么；要训练孩子的合作思维，父母不要无限度地迁就孩子的愿望,尽管有时这种愿望本身是合理的,但是它却意味着父母要做出过多的牺牲,更重要的是,应该保证孩子受锻炼的机会。

　　家庭会议可以当作一个团体,它能让孩子有机会扮演不同的角色。在"合作"做事之前可以召开一个家庭合作主题讨论会,主题是有关生活团体合作内容的,比如关于孩子的年龄与做事的能力,关于大家生活在一起应相互帮助,关于每个人应负的责任。全家准备出去旅行时,孩子可以发表意见,父母要加以考虑。当讨论某一个星期日下午采取什么行动时,让孩子担任主持人,集中其他人的意见,主持投票,宣布结果。

　　这样的讨论会能在孩子们心中建立起家庭是一个生活团体的概念,每个人都要各司其职、相互帮助,只有这样才能生活圆满。在进行这样的讨论之后,让孩子选择一些力所能及的、自己感兴趣的事情来做。当然,这些事情虽然是孩子自己选择的,但他不一定会很好地完成,这时父母就有合理的依据来要求他实践自己的诺言。这样做的时候,父母不是以长辈的权威来压制孩子,而是以团体负责人的身份来检查队员的工作,提醒他作为一个团体成员要尽的职责。

　　孩子们从小在家庭中学到的知识、培养的精神,都会渗透到他们的性格中去,在他们长大后带入社会。一个懂得合作精神的孩子会很快适应工作岗位的集体操作,并发挥积极作用,不懂合作的孩子在生活中会遇到许多麻烦,变得越来越无所适从。

让孩子懂得爱、学会爱

　　在人的一生中,财富、地位并不是最重要的,最重要的是有一颗爱心。一颗崇高、善良、关爱的心,能使人获得全部的尊重和爱戴。作为

十 具备集体精神，做个合群的孩子

父亲，不要一味沉迷于自己的事业，一味地创造物质财富，而应为孩子的幸福生活做准备，积极地奉献自己的爱心，从而去塑造孩子的爱心。没有任何一个父母不爱自己的孩子，而且往往父母对子女的爱都是无私的不求回报的。而子女对父母的爱，相对而言要少很多了，"儿行千里母担忧，母行千里儿不愁"，就是父母子女之间关爱的真实写照。

爱是一个家庭的灵魂，如果缺少爱，就失去了快乐与和谐。心中有爱的人，总是充满朝气，情绪平和，乐观、进取，令人愿意接近，且具有自尊心与自信心，克己而又乐于了解别人，与人相处经常表现出亲切、仁慈与关怀，因此善结人缘。

有个住在山上的孩子，有一天，因为做错一件事被父亲责骂后，内心愤愤不平。为了发泄情绪，一个人跑到屋外，坐在山腰哭了一阵，然后大声喊叫："我恨你！"山谷远方立刻传来同样的回声，他顿时被吓住了，以为有人很凶恶地在和他对骂，又继续哭了起来。

他边哭边往家里跑，看到了父亲后，他气急败坏地告诉了父亲方才的遭遇。父亲听了反而露出微笑，温柔地替儿子擦干眼泪，拉着他的手，又来到山崖边，要小孩大声叫："我爱你！"

孩子喊完以后，满怀期待的看着山谷。几秒钟以后，奇迹出现了：对面山谷也传来同样的回声，小孩破涕为笑。

父亲拥着他，说："孩子，你给别人什么，别人就会给你什么。"通过这个故事，我们应该得出这样的结论：爱和恨都是相对的，如果你是以爱去对待别人，别人也会同样爱你。

爱是人间的一种道德，爱心是人类最美好的一种情操。然而我们做父母的，目光总是被知识教育这一叶所障而不及其他。你想你的孩子具有乐观而又积极的心态吗？你想你的孩子成为一个幸福的人吗？你想你的孩子朋友遍天下、成为一个事业成功的人吗？天下所有的父母对上述问题的回答一定都是肯定的。那么，怎样才能实现这些愿望呢？这里有一条实现目标的重要途径,那就是从小培养孩子的爱心。

为了不让孩子的爱心枯竭、泯灭,为人父母者不仅要爱孩子,更重要的是让孩子学会爱。假如只管耕耘不问收获,那么这种父母之爱,就很容易变成一种对孩子的私爱、溺爱。"溺爱是父母与孩子关系上最可悲的事,用这种爱培养出来的儿童,不肯把爱献一点儿给别人。"所以,如何培养孩子的爱心,在家庭教育中也就显得尤其重要了。

首先,从小养成爱和怜悯的习惯。大海靠一滴滴水汇集而成,爱的殿堂是靠一沙一石来构建的。从小给予孩子同情心和怜悯心的情感,是在他身上培植善良之心。

其次,当好孩子的榜样。父母对他人的爱心言行,会潜移默化地影响着孩子。如果父母用有声的爱心语言和行动,去强化孩子的爱的意识,就会使孩子产生一种积极的仿效心理。

再次,给孩子创造实施爱心行动的机会。如引导孩子主动帮助左邻右舍干些力所能及的事。而当孩子付诸行动后,以微笑的表情、赞扬的语气及时地给予表扬。

爱是一盏灯,照亮别人也温暖自己,捧一颗爱心上路的人,一生也将生活在爱里,爱是一种非常美好的人生情感,像花开,美丽给别人,自己也结果实,为何要隐藏在心底?奉献爱心,去爱每一个人,是人人都很容易做到的事,一句话、一个微笑、一束花就够了,这时我们并不损失什么,却可能因此帮助别人走出困境,同时也美丽了自己的一生。

从自我为中心到角色转换

道德培养的权威人士马丁·霍夫曼相信,孩子们是通过一系列过程慢慢地培养爱心的。在这一系列的过程中,他们逐渐从一个自我为中心

具备集体精神，做个合群的孩子

（"总想到我"）的角度，转到一个不但能关心别人，而且能感觉和理解别人观点的角度。对这一过程和孩子目前的爱心水平了解得越多，就越能帮助他达到下一个阶段。

教育专家维克走进俄亥俄州戴顿市一所学校的一年级教室。老师刚邀请学生们坐在地毯上听她讲故事，孩子们都赶忙围坐在她身旁，只有其中一个男孩双手抱着脑袋，一个人坐在与其他同学相距几尺远的地方。不止维克一个人注意到了这个不合群的孩子，另一个6岁的孩子乔伊也正在设法弄清这是怎么回事。

乔伊开始静悄悄地向后移动，移动到那个孩子身边，然后朝那个男孩靠拢，在他的耳边说了几句悄悄话。那个孩子腼腆地点了点头，对乔伊报以微笑。乔伊拍拍他的后背，然后两个人转过来一起听故事。

等到老师让孩子们回到座位上后，维克再也控制不住好奇心，将乔伊拉到一旁，问他到底对那个男孩说了什么。

"达熊显得很孤独，"乔伊解释道，"他刚转学到这儿，不认得许多小朋友，所以我问他能不能和他坐在一起。我知道他需要一个朋友，而我也很乐意跟他交朋友。"

有些孩子以自我为中心意识很强，常常不会为他人着想，也不会考虑他人的感受。那么，当你的孩子出现这样的情况时，父母应该如何正确的教育呢？

父母应该直接指出孩子的错处，反问他："那么，我以后也像你对别人一样对你可以吗？"让孩子思考问题所在。父母要鼓励孩子多与外界交往，在交往中学习宽容、忍让。通过"换位法"引导孩子站在别人的角度去考虑问题，改变只顾自己，无视他人的坏习惯，克服狭隘、自私的思想。让孩子有与他人分享物品的机会，有团结互助的习惯，懂得互惠互利，多为孩子提供结交朋友和接触社会的机会，提高与外界的交往能力，这是避免和改变以自我为中心的行之有效的办法。

· 221 ·

首先，转换角色。父母可以在家中做这样的实验：当兄弟姐妹之间、孩子与朋友之间、孩子与父母之间发生冲突时，要求相关的人停下来冷静地思考一下，如果自己站在对方的立场上考虑问题会有什么感受；然后要求每个人站在对方的角度来回答这个问题："对方会说什么和做什么？"这个方法是一个很有价值的方法，能帮助每个人对麻烦的形势获得一个不同的视角。对孩子来说，使用木偶是一种行之有效的方法，让一个木偶代表冲突中的一方，孩子就可以与木偶一起将问题演示出来。

角色转换不一定只用于冲突之中，它可以用于任何情况之下，帮助孩子理解相关人士的观点。比如，父母可以经常这样问孩子：

"你认为马特总是侮辱别人的原因是什么？"这时候孩子可能考虑到是因为马特自我感觉不好，羞辱别人会让他好受些。这样孩子就可能会改变对马特的态度，或者自觉帮助马特。

"你认为凯利总是跟着你的原因是什么？"孩子可能会想到是因为凯利很孤独，而且不知道怎么交朋友，以后就会试着关心凯利。

"为什么爸爸总是对你大吼大叫？"当孩子知道爸爸是因为正在想方设法解决税务问题而心情非常压抑时，就会理解爸爸的不易，也会更加热爱爸爸。

经常让孩子从别人的观点、站在别人的立场上考虑问题，会增强孩子的同情心，也会让孩子在不知不觉中成为一个心中充满爱的人。

其次，设身处地。父母可以选择一个与自己有关的真实情境，让孩子设身处地地为我们想一想，从我们的角度考虑一下身临其境会是怎么回事，这样就会培养孩子照顾别人感受的自觉性。

帮助孩子识别别人的感觉，就是要求他考虑别人对某个特定情况的感情。假设孩子为给自己寄来生日礼品的姑妈寄出一张感谢卡，父母就可以利用这个机会让孩子意识到姑妈收到卡片时的感觉。"现在假设你是姑妈，你打开信箱看见这张卡片，你读到上面写的话会有什么感觉呢？"当然，也可以把这种想象的技巧扩展到其他的、孩子没有见过的人身上，比如父母可以经常问："如果你是一位新搬来的人，刚来到一个陌生的小镇，谁也不认识，你会有什么感觉？"或者"如果摔倒的是你，你会怎么想、怎么做？"经常这样问孩子，可以帮助孩子把握住别人的需要和感情，让孩子在不知不觉中拥有爱心。

培养孩子的交际能力

人的交际素质越高，交往的时间与空间就越大，生活也越丰富，得到的支持与帮助也就越多，机遇将不期而至。人际交往能力是孩子常会面临的一种困难。教育孩子调整自己的行为与态度，主动积极地与他人交往，建立和谐的人际关系，对于孩子的成长至关重要。人际交往是迈向成功的第一步，良好的交际习惯也是孩子成才必备的素质之一。

姜美辰是个长得很可爱的小姑娘，尤其是她那甜甜的圆脸，夹杂着格格的笑声，更是为爸爸妈妈所欣赏。但是不知道为什么，妈妈发现姜美辰很少与同学们一起玩，经常一个人独来独往，总是对着电视消磨时间。出去玩时，遇到有同龄的小朋友，即使人家主动跟她打招呼，她也很少与对方交流，家里更没有她的同学的到来，她也几乎不与爸爸妈妈说自己的事情。看到的电视节目感到好笑时，她也是自己一个人在那里傻笑，从不讲给爸爸妈妈听。

有一次，她在看《猫和老鼠》时，哈哈大笑起来。

妈妈走到她的身边，问道："女儿，这个故事有那么好笑呀？"

姜美辰没有理会妈妈。等她看完了之后，妈妈又走过来，耐心地说:"女儿,《猫和老鼠》你从小就看,现在你已经读三年级了,你能告诉妈妈,你有没有自己的好朋友吗?"

姜美辰摇摇头:"妈妈,我只喜欢看电视,不愿意和别的同学玩,因为每次玩的时候总是会吵架。"妈妈说:"哦,原来是这样。那么,妈妈教你怎样去跟其他人交朋友,好吗?"

人际关系的破裂也往往是由于缺乏主动宽容他人、谅解他人的胸怀所致。交际的重点是要让孩子学会宽容待人,要心胸开阔、宽以待人,不嫉妒他人,得理也让人。教育孩子胸怀宽广,摆脱嫉妒心理。

有的孩子不能与伙伴友好和睦地相处,不能掌握基本的社会交往方法、规则。有的孩子更害怕与老师交往,不懂的问题不敢问老师,不敢在老师面前发表意见。父母应有计划、有目的地解决孩子的这类问题。

首先要注重爱的表达,比如分享孩子的高兴情绪,理解和分担孩子的痛苦情绪等。让孩子感到父母是他完全可以信赖的人,从而感觉安全。

父母还要腾出时间与孩子共同玩耍。心理学研究表明,游戏对孩子心理的健康发展具有不可替代的作用。给孩子多找一些同龄伙伴,鼓励孩子与他们一起玩耍,让孩子在游戏中体验到欢乐,体验到与他人合作的重要性,从而激起他们友好相处的意愿和行为。不要夸奖孩子的独自玩耍行为,这将使孩子更喜欢独自玩耍。在孩子面前要多鼓励他与别人一起游戏,告诉孩子与其他小朋友一起玩耍是很好的。

鼓励孩子帮助比自己年龄小的孩子,培养孩子的同情心。父母在孩子面前说话时也要注意,让孩子懂得得理让人,以和为贵。在人际交往的过程中,有时会发生不愉快的事情,这是难免的,重要的是要学会处理。孩子的很多理念和行为是受父母影响的,要是父母经常在孩子面前说某个孩子的坏话,孩子就会对那个孩子产生敌意,而不愿

十 具备集体精神，做个合群的孩子

与他交往。

　　现代社会，如果不会与他人合作，知识再多也枉然。父母有责任培养孩子与他人友好合作的习惯。社会是一张网，个人是组成这张网的点，不管你做什么事，你都会与你周围的那几个点发生某种关系。关心和帮助他人是人类生存和发展的需要，也是个人生存和发展的需要。父母应当让孩子懂得，帮助别人就是帮自己，当孩子无私地帮助别人的时候，心中是自豪的、宽容的，当他全身心投入的时候，他的价值在帮助别人的时候得到了充分的展现。

为孩子的交往提供必要的帮助

　　一户新邻居搬了过来，琼斯太太注意到他们家有一对活泼可爱的双胞胎，于是，她对自己的女儿梅莉说："宝贝，你要有新朋友了，你为什么不出去向他们打个招呼并带他们到周围转转，帮他们熟悉一下环境呢？"梅莉歪着头想了一会儿，出去了。但她站在篱笆旁看着那两个孩子忙忙碌碌地整理东西，试了几次没有开口。最后，梅莉回到了房间，很遗憾地对妈妈说："我很想成为他们的朋友，但我不知道该怎样跟他们搭腔。"妈妈立刻意识到，自己需要为孩子的交往提供一些必要的帮助。妈妈没有说话，而是以实际行动来说话——她做了女儿没有做到的事。事后，女儿说："以后我知道该怎么做了。"

　　很多人在陌生人面前都会退缩，多数孩子也是这样，并且在羞怯心理的驱使下，孩子很不善于向陌生人表达自己的思想和感受。但每个人都会遭遇很多陌生的事物和人，每个人都要学会如何与陌生人相处甚至是和他们交朋友，孩子也不能例外。当孩子出现怯场的情况时，父母有必要为孩子的交往提供必要的帮助。

（1）以身作则。

那些善待朋友、重情重义的父母，本身就是在教给孩子如何保持友谊。麦克的父亲总是对朋友关怀备至，虽然他的朋友都不是很出色，但他从没有说过他们的坏话。并且，他经常给远方的朋友写信或者打电话问候，当朋友有困难时他会尽一切可能去帮忙。正是从父亲的这些行为中，麦克学会了如何与人相处、如何赢得别人的友谊。无论在学校还是舞蹈班，麦克都是一个受人欢迎的、值得人们信任的人。

（2）给孩子创造结交朋友的环境。

共同的爱好、兴趣是友谊的基础。当孩子在某些方面擅长时，就会增强他们的自信，并利用这种专长结交朋友。如果孩子朋友不多，做父母的就可以帮助他们培养某些爱好、兴趣，挖掘他们的专长，这样就会给孩子制造更多的结交朋友的机会。比如，父母可以鼓励孩子到草坪上和其他的小朋友一起做游戏，或者参加艺术训练班，这样孩子就可以找到很多和自己志同道合的人，也会结交很多好朋友。

（3）积极引导孩子与周围的人交朋友。

孩子们一般认为交朋友是自然而然的事情，他们不会有意与人接近，有意把自己推荐给别人，期望着周围的人能够发现自己，自觉走到自己的身边。在这种观点的支配下，很多来到新的环境的孩子总是被动的、消极的，因此他们总会显得不合群，觉得孤单。这就要求父母为他们引路，在尊重孩子的同时也要调整介入的方式。当玛丽在一所新学校开始她的学校生涯时，她最好的朋友都去了另外一所学校，这让她非常孤单。一天晚上，妈妈打开了自己少女时代的日记，读了一些她当时进入一所新学校的想法。之所以这样做，是因为这位妈妈认为自己的日记是最好的说明，可以让玛丽明白每个人在不同时候都会遇到一些困难。果然，这些日记减轻了玛丽的烦恼和痛苦，并且给了她结识新朋友的勇气和经验。

（4）善待孩子的朋友。

孩子的自尊心都很强，在朋友面前特别注意自己的尊严和面子，因此作为父母一定要善待他们的伙伴，这样就会让孩子觉得很有尊严，也会让他们更乐意与人交往。

作为父母，虽然不能主宰孩子在社会中的地位和活动，但可以通过各种方式和途径鼓励和帮助他们，让他们更容易地获得属于自己的东西，这其中就包括帮助他们结交朋友。只要父母给予孩子足够的支持和鼓励，就会帮助他们结交到很多有益的朋友。